자존가들

이 책의 제목 "자존가들"은 "자기 품위를 스스로 지키는 사람들"이라는 뜻입니다.

자존가들

불안의 시대, 자존의 마음을 지켜 낸
인생 철학자 17인의 말

김혜자 이근후 리아킴 이승엽
신구 알레산드로멘디니 요시타케신스케
이적 황규백 지춘희 전유성
옌스바이드너 정혜신 최대환
임상철 유성호 이어령

김지수 인터뷰집

어떤책

인생은 달콤한가요 씁쓸한가요

《자기 인생의 철학자들》을 내고 많은 독자들의 사랑을 받았습니다. '평균 나이 72세, 우리가 좋아하는 어른들의 말'이라는 부제를 달고 나온 인터뷰집이 독자들의 가슴을 봄비처럼 적셨던가 봅니다. 딸이 엄마에게, 아버지가 아들에게, 리더가 팀원에게, 선배가 후배에게…… 어른의 지혜가 파도 타듯 손에서 손으로 퍼져 가는 광경은 황홀했습니다. 머리맡에 두고 힘들 때 인생 교본처럼 펼쳐 봤다는 분, 교환 일기처럼 친구와 책에 그은 밑줄을 비교하며 봤다는 분, 다른 사람을 위해 일부러 《자기 인생의 철학자들》을 카페에 슬쩍 놓고 왔다는 분도 있더군요. 호들갑을 떠는 걸 보니 책이 베스트셀러 순위에라도 올랐나?

아니요. 천만의 말씀. 아직 제게 그런 기적이 일어나지 않았습니다만, 뭐랄까요. 저는 독자들이 《자기 인생의 철학자들》을 대하는 이런 식의 태도가 참 좋았습니다. 무언가를 귀히 여겨 함께 나누고 싶어 하는 건 얼마나 어여쁜 마음입니까. 좋은 인생에 대한 예우, 밑줄 그어 듣는 그 경청의 반듯함, 서로 덕담을 나누고 싶어 입이 근질근질해질 때의 넉넉함, 그리고 무엇보다 '우리 사회에 어른들이

4

있다'는 데서 오는 안도감 같은 것들. 제각기 떠났던 식구들이 저녁밥 짓는 냄새에 이끌려 돌아오듯, 그렇게 어른의 아름다운 선창에 하나둘씩 터 잡고 모여 앉는 풍경이 좋았습니다.

책 발간 후에 인터뷰이로 등장했던 몇몇 어른들을 찾아뵈었지요. "능력도 체력도 10퍼센트는 남겨 두라"던 93세 현역 디자이너 노라노부터 "날씨처럼, 다 받아들이라"던 화가 노은님, "일이 안 풀릴 땐 일단 시동을 끄라"던 이성복 시인 등등. 감사하게도 선생들 자신이, 제가 온라인에 연재하는 인터뷰 칼럼 〈김지수의 인터스텔라〉의 열혈 독자가 되어 소감과 아이디어를 보태 주셨습니다. 특히 이성복 시인은 이 인터뷰 책이 시리즈로 쌓이면 좋겠다며, 슬쩍 나태해지려는 제 마음의 고삐를 잡아 주셨지요. 그렇게 1년이 조금 지나, 《자기 인생의 철학자들》에 이은 두 번째 인터뷰집 《자존가들》을 여러분 앞에 내놓습니다.

돌아보니 《자기 인생의 철학자들》까지는 애타는 '어른 찾기'였어요. "손해 보며 살아도 괜찮은가요?" "나는 누구의 비위를 맞춰 살아야 합니까?" "대체 얼마나 노력해야 되는 거죠?" "우리는 어떻게 늙어 갈까요?" 사방으로 솟구치는 인생 질문에 대한 애틋한 응답이었지요. 지혜자 노인들은 세월의 흔적을 담은 온화한 미소, 평화롭게 찰랑거리는 검은 눈동자로 여러분을 환영했습니다. "네가 와 줘서 기쁘다!"

그 뒤 1년간 저의 선택은 조금 달라졌습니다. 저도 모르게 좀 더 적극적으로 이 땅의 '자존가들'을 찾아 나서고 있더군요. 나이의 많고 적음, 사회적 성취라는 세상의 기준보다 진정한 나로 살기로 결정한 사람들을 찾아 호명하기 시작했어요. 그렇게 '나다움'의 위엄이 서린 목소리에 확성기를 대고 기록한 책이 《자존가들》입니다.

가치의 아노미 시대에 맞서, 자기만의 결연하고 우아한 목소리를 지켜 낸, 자존의 사람들을 소개합니다. '혜자'라는 이름만으로 동시대 크리에이터들에게 창조적 영감을 주었던 '자존의 여인' 김혜자를 시작으로 행복은 신기루와 같으니, 작은 즐거움으로 큰 슬픔을 덮고 살라고 정신 번쩍 들도록 호통을 쳐 준 유쾌한 정신의학자 이근후 선생, "내 인생은 기프트였다"고 고백한 시대의 지성 이어령 선생까지. 특별히 이어령 선생은 암 투병 중에도, 마지막 인터뷰로 찬란한 죽음의 풍경화를 선물해 주셨지요.

《자기 인생의 철학자들》이 "우리는 어떻게 늙어 갈까요?"에 대한 소상한 응답이었다면 《자존가들》은 거기서 더 나아가 "우리는 어떻게 나를 지키며 삶과 죽음을 마주해야 할까요?"에 대한 생생한 화답입니다. 매주 월요일, 부검실에서 죽은 자의 가슴을 열어 보는 법의학자 유성호는 우리의 육체는 어떤 과정을 거쳐 죽는지, 마지막 순간을 탕진하지 않으려면 어떻게 해야 하는지를 담담한 어조로 전합니다. 부디 죽음 앞에서 벌벌 떨지 말라고, 나의 죽음을 의사의 내레이션으로 만들지 말라고요. 그리하여 "우리가 할 수 있는 건, 가는 날까지 웃음이 나는 좋은 추억을 많이 만드는 것뿐"이라는 이근후 선생의 진정한 토로와 "죽음을 기다리며 탄생의 신비를 배웠다"는 이어령 선생의 호기심에 찬 눈빛은 지금 이 순간 우리의 생을 더없이 농밀하게 만듭니다.

시간에 대해서는 어떤가요? 〈눈이 부시게〉에서 시간의 엉킨 실타래를 헤쳐 온 김혜자 선생을 만나 보니 "지금 이 시간을 잘 붙들라"는 말이 허투루 들리지 않더군요. 미래를 앞당겨 공포로 회칠하던 저의 버릇은 겸손한 인문학자 최대환 신부가 고쳐 주었습니다. 미래는 착취의 대상이 아니니, 오직 선물로 받아들여야 한다는 거지요. 평범하게 들리겠지만, 우리는 최신부의 말대로 봄을 믿어야 합니다. 특별히 18년간 노숙자로 추운 거리를 떠돌던 임상철은 그 봄의 증거이자 자존가들의 하이라이트입니다. "태어났으니 행복하다"는 그의 고백 앞에서 은연중 잘나고 못난 인생을 저울질하던 저는 교만의 꼬리를 내려야 했습니다.

젊었거나 늙었거나 자존을 자본으로 지닌 사람들은 각자의 색채로 빛났습니다. "노후 준비는 돈이 아니라 일"이라며 늘 새로운 도전을 마다 않는 개그맨 전유성, "성공은 높이보다 넓이"라는 유튜브 슈퍼스타 리아킴, "힘든 일은 항상 먼저 했다"는 홈런왕 이승엽과 "허송세월이 쌓여 어느 날 문득 좋은 이야기가 나오더라"는 가수 이적의 이야기는 재능에 대한 우리의 불안을 잠재웁니다.

알고 보면 자존가들의 가장 큰 자본은 끈기 있게 쌓아 가는 하루하루의 성실이었습니다. "배우로 사는 건 개똥 같다"면서도 여전히 연극 무대에서 펄떡이는 신구 선생, 언제나 청춘인 디자이너 지춘희와 화가 황규백, 지금은 세상을 떠난 알레산드로 멘디니는 우리를 예술이라는 로맨틱한 무대로 안내합니다. 왼쪽 눈엔 아름다움, 오른쪽 눈엔 희망을 가득 담고서요.

자존가들과 만날 때마다 저는 습관적으로 거대한 물음표를 던졌습니다. 인생은 달콤한가요. 씁쓸한가요. 아름다운가요. 슬픈가요. 당신은 약한가요. 강한가요. 다정한가요. 무정한가요. 하지만 이야기가 끝나면 자연히 알게 됐지요. 너와 나의 삶엔 그 모든 속성이 다 있다는 걸. 우리는 다르지 않다는 걸. 고백하자면 저와 가장 비슷한 사람은 그림책 작가 요시타케 신스케였습니다. "내 상상력의 원동력은 걱정"이라는 이 소심쟁이 작가에게서 저는 말할 수 없이 큰 위로를 받았습니다. 자기 안에 웅크리고 살던 걱정 많은 어린이가 자존의 원형이었다는 점에서요.

각자의 인생은 선택의 누적분이라고 하지요. 내가 어떤 선택을 해왔는지 되짚어 보면 내가 어떤 사람인지가 보이는 법입니다. 인터뷰 또한 선택의 연속입니다. 누구를 만날 것인가가 인터뷰의 거의 전부라고도 할 수 있지요. 오늘의 인터뷰이는 내일의 인터뷰이에게 영향을 미칩니다. 그리하여 선택의 누적분으로 모인 인터뷰 모음은, 집단지성의 모양을 띤 하나의 인생이자 발굴된 인격으로 다가옵니다. 신기한 일은, 사람에게도 타고난 기운이 있듯 한 사람의 이야기도 세상 어디로 어떻게 가야 할지에 대한 기세가 있고 또한 성장한다는 거지요.

말하는 자의 진의는 듣는 자의 호의로 완성된다는 현자의 말을 믿습니다. 차마 내가 듣지 못했던 진리는 여러분이 발견해 내리라 믿습니다. 이 책이 부디 당신의 자존에 거름이 되길 희망하며, 당신의 눈동자에 건배를!

2020년, 1월

김지수

눈앞에 주어진 시간을
잘 붙들어요

배우 김혜자

늙어 버린 몸에, 늙지 못한 마음은 어떻게 적응해 갈까?
JTBC 드라마 〈눈이 부시게〉는 시작부터 이제까지 보아 온
김혜자 드라마와는 결이 전혀 달랐다. 한지민과 김혜자가
몸을 바꿔 가며 스물다섯 살과 일흔 살을 가파르게 오가는
모습에 "그래, 이 맛이야" 깔깔거리면서도 '저분이 저렇게
트렌디해도 되나' 슬쩍 걱정도 끼어들었다.

시계를 잘못 돌린 실수로 한순간에 50년을 나이 먹은
'혜자'에겐 매 순간이 낯선 신세계다. 저녁에는 왜 이렇게
잠이 쏟아지는지, 급할 때면 왜 또 무릎은 삐걱대는지
투덜대는 김혜자의 주름진 미간에는 불가항력적인 시간의
완력에 밀려 얼빠진 듯한 표정이 뒤섞여 있었다.

드라마는 '타임슬립'이라는 트릭으로 모두를 기분 좋게
속인 채, 10회까지 내달린다. '혜자'의 얼굴에 겹겹이
드리워진 다차원의 시간 속으로. 각본이 설득력 있는
맥락만 잡아 주면 그녀가 감당하지 못할 감정의 시차는
없어 보였다. 그 모습이 놀라워 김혜자에게 인터뷰를
청했다.

몇 번을 고사하다, 드라마 방영이 끝나고 보자고 간신히
허락을 얻어 냈다. 기다리는 하루하루가 지루하지 않게
그녀의 문자가 매일 안부 편지처럼 날아들었다. "김석윤
감독이 자기를 믿고 하라고 했어요. 난, 그 사람을 믿어요.

그 사람 머릿속에 온갖 이야기가 기다리고 있는 것
같았어요."

드라마가 끝나고야 알았다. 왜 좀 더 일찍 만나면 안
되었는지를. 전통적인 타임슬립 드라마인 줄 알았던
〈눈이 부시게〉는 알츠하이머 환자의 머릿속에 펼쳐진
환각이라는 역대급 반전으로 놀라운 감동을 안겼다.
"늙은 내가 젊은 꿈을 꾼 건지, 젊은 내가 늙은 꿈을 꾼
건지"라는 한마디가 이토록 구체적 충격으로 다가온
것은 대본이 정확하게 김혜자라는 육체를 통과했기
때문이리라.

드라마가 막을 내린 다음 날 김혜자를 인터뷰했다.
누에고치가 명주실 뽑아내듯 꿈꾸는 듯한 얇은 목소리로
그녀가 말했다. "이 드라마를 나를 한없는 사랑으로 감싸
준 하늘나라의 남편에게 주고 싶어요." 그 말은 드라마
속에서 젊은 날 사랑하는 남편을 잃은 '혜자'의 그리움과
겹쳐져 묘한 울림을 자아냈다.

인터뷰 내내 완급 조절이 정확한 그녀의 목소리는
거미줄 위의 이슬처럼 촉촉하게 떨렸다. 망연자실하게
여러 시간과 추억을 헤집다가 불현듯, "나는요"라고
매듭을 지을 땐 세상의 온갖 소음이 정지된 듯
고요해졌다.

김혜자는 그 자신, 꿈이 없었고 오직 공상이 취미였다고 했다. 이 드라마로 치매에 대한 부정적인 편견이 깨지고 외연이 넓어지길 바란다며, 제작진이 자신이 이 나이에 이르도록 기다려 준 것 같다고 공을 돌렸다. 〈눈이 부시게〉가 배우 인생의 마지막 챕터가 될 것 같다는 노배우의 말은 그 깊고 싱싱한 젊은 연기를 생각하면 기우에 불과했다.

"드라마가 나예요"라며 인터뷰를 여러 번 거절하셨어요. 이제야 그 이유를 깨달았어요. 자연인 김혜자가 드라마 속 김혜자를 보는 기분이 어땠나요?

마음이 많이 아파서 울었어요. 그런데 울면서도 생각을 했어요. 요즘 사람들, 많이 힘든데 내 연기가 쪼끔이라도 사람들 위로를 해 주면 좋겠다. 뾰족하고 성난 마음들, 쓰다듬어 주면 좋겠다. 그런데 정말 많이 울었어요? 그렇담, 잘했어요. 많이 울면 맘이 순해진다잖아요.

슬퍼서가 아니고, 너무 좋아서, 아름다워서 울었어요. 그러길 원했어요. 이 드라마에는 내 인생을 겹쳐 볼 수 있겠더라고요. 보는 사람도 마찬가지죠. 이렇게 저렇게 스스로를 비춰 볼 테니 '아! 이게 정말 특별한 작품이 되겠구나' 감이 왔어요. 연출자인 김석윤 감독은 〈청담동 살아요〉도 같이했는데, 그때 느꼈어요. 이 사람이 마음 밭이 참 깨끗하네. 좋은 밭에 싹이 떨어지니 잘 자라는 거죠.

PD도 작가도 대단한 것이 김혜자라는 한 사람의 일생을 참 오래 관찰하고 연구했다 싶었어요. 그걸 시대가 원하는 이야기와 섞어서 알맞은 타이밍에 선물처럼 안겨 줬어요.

나는요, 그 사람들 믿었어요. 처음엔 주변 사람들도 이상하게 생각했어요. '김혜자가 왜 저런 진부한 타임슬립 드라마를 하나. 뻔한 판타지물에 왜 나와?' 그때 속으로 생각했어. '그래, 오해할 테면 해라.' 이제야 다들 고개를 끄덕여. 이젠 슬픈 이야기를 웃으면서 할 때가 된 거예요. 우는 건 첨부터 노상 울고, 심각한 건 내내 힘주고…… 그건 옛날 연기잖아. 내가 배운 건 힘을 뺄 때 정말 좋은 게 나온다는 거예요.

사실 힘을 빼는 게 더 어렵지요.
일상생활에서도 마찬가지예요. 운동할 때 우리 코치가 그래. "선생님, 힘 빼세요. 엉뚱한 데 힘주지 마세요!" 연기도 똑같아요. 필요없는 데 힘쓰면 안 되거든요.

힘을 빼고 한 이야기 중에 어떤 게 기억에 남으세요?
등가교환 이야기할 때요. '혜자'가 채팅방에 들어온 젊은이들하고 댓글로 얘기하잖아요. 그땐 정색하고 말하면 안 돼요. 한달음에 "니네들 그렇게 살다가 나처럼 된다~" 그 말을 장난처럼 툭 던지는 거예요. 무방비 상태에 있던 사람들이 알아들을 수 있게. 졸고 있다가 잠결에 들을지도 모르잖아. 난 그 장면 대사를 한 100번쯤 연습했어요.

세상에 공짜는 없군요.

내 귀중한 걸 희생하지 않으면 얻는 게 없어요. 그게 등가의 법칙이에요. 운 좋은 사람? 운 좋았다 해도 노력 안 하면 사라져요. 나는 이해력도 부족한 사람이라 열심히 안 하면 할 수가 없었어요. 오죽하면 꿈에서도 대본이 나왔어요.

타임슬립의 전통 서사에 코미디를 섞고, 배우 개인의 역사에 노년의 신화를 매끄럽게 이어 내는 것은 김혜자가 성취한 연기적 마술이다. 그녀가 천연덕스럽게 내뱉는 소싯적 광고 카피 "그래, 이 맛이야"는 김혜자와 함께 늙어 온 관객에게 거는 일종의 농담이다.

마지막에 이르면 김혜자는 자기보다 더 늙은 상태를 연기한다. 햇빛에 바랜 머리카락, 비바람에 녹슨 것 같은 피부, 자아가 이탈한 눈. 머루처럼 까만 눈 안에 순식간에 번개가 치고 별빛이 일렁이며 청춘과 노화의 시간이 오갈 때, 그 눈빛의 속도가 빛의 속도를 추월해 우리를 설득해 버리곤 했다.

세월을 정면으로 마주선 그녀의 육체 앞에서 나는 잠시 그 분리되지 않는 젊음의 두께를 더듬어 보았다. 오래 우린 찻물 같은가 하면 톡 쏘는 사이다 같기도 한 김혜자의 표정과 말투. 이 편안한 현란함에 취해.

나이 들면 윤곽이 흐릿해진다지만, 연기할 땐 좋은 점이 더 많지요?

나이 먹으면 인중도 길어지고 콧구멍도 커져요. (웃음) 나이 먹으면 언제든 드러날 건 드러나게 돼 있어요. 숨기는 게 없으니 훨씬 자유스럽죠. 이번엔 촬영할 때 카메라가 얼굴을 밑에서 잡으니, 콧구멍이 무슨 터널처럼 나왔어요. 처음엔 짜증나더라고. '너무해. 감춰 둔 걸 다 폭로하다니.' 그런데 그게 무슨 대순가 싶어. 시청자들도 댓글로 콧구멍 크다고 타박하더니, 이젠 서로 "너도 나이 먹으면 살이 얇아져 콧구멍 커진다" 이러면서 야단을 쳐요. 그걸 보면 나는 또 이 사람들이 참 다정도 해라……

숨기는 게 하나도 없어 습자지처럼 투명하게 속이 보이곤 하던 김혜자는 말끝마다 후렴구처럼 시청자들을 향한 사랑을 늘어놓았다. 그 모양이 꼭 손주 자랑하듯 했다.

> '젊은 혜자' 한지민을 멀리서 바라보는 눈빛이 잊히지 않아요. 가슴이 미어지더군요. 순간, 저도 20대 시절의 저를 불러서 지그시 쳐다보았습니다.

애틋했어요. 슬픈 것 가여운 것을 넘어서 참, 애틋했어요.

어찌 보면 그가 모든 생물을 대하는 감정이 애틋함이 아닌가 싶었다. 드라마는 끝났지만, 함께했던 모든 이들이 사랑스러워 못 잊겠노라고 했다. 대본도 손에 놓고 방 안에 혼자 앉아 있으면 "끈 떨어진 연

같이 갈피 없이 허둥댄다"고 쓸쓸하게 말했다.

> 이제사 마음은 그대로인데 몸만 늙는다는 말이 무슨
> 말인 줄 알 것 같습니다.

있잖아요, 정말로 나이 먹으면 어떤 일이 어제 일처럼 확 줌인이
돼요. 어떨 땐 지금 이 순간도 아스라하게 줌아웃이 돼. "늙은
내가 젊은 꿈을 꾸는 건지 젊은 내가 늙은 꿈을 꾸는 건지 모르
겠습니다"라는 대사를 할 때 '아, 작가도 이걸 느꼈구나' 했어
요. 그게 나였어요. 간혹 진짜 배역을 사는 것 같다는 댓글을 볼
때마다 혼자 중얼거렸어요. "'같아'가 아니라 그게 나예요."

> 어쩌면 그 힘으로 선생은 드라마에서도 자기 인생에
> 서도 주인공으로 살아온 게 아닌지요?

그것도 얼마나 감사해요. 날개는 누가 달아 주지 않아요. 내 살
을 뚫고 나오는 거죠. 등가교환과 비슷한 말이야. 깃털이 살을
뚫을 때 얼마나 아프겠어요.

할 줄 아는 게 아무것도 없는 자신을 가족들이 배려해 줘서 여기까지
왔다고 했다. 생각해 보면 꿈꾸듯이 살아온 인생이었다. 아들이 네 살
때 연기를 재개했으니 오랫동안 '국민엄마'로 불렸지만, 그 모든 게 허
물을 덮어 준 자식과 남편의 공이었노라고.

"뇌가 쪼그라들어도 우리는 사랑하고 사랑받은 기억으로 살아요."

엄마 김혜자는 어떤 사람이었나요?

같이 있다가도 "엄마 공부해야 해. 대본 봐야 돼" 하고는 방에 들어갔어요. 우리 아들이 그래. "엄마가 방에 들어가서 공부할 땐 곁에 가면 안 될 것 같았어. 무슨 커튼이 드리워진 것처럼." 난 그 말이 너무 가슴이 아파요. 그러니 난 연기를 잘하지 않으면 안 돼요.

이젠 '혜자'라는 이름이 가족처럼 친근하게 느껴져요. 나도 '혜자'를 좋아해요. 내 이름이니까. 은혜 惠 자를 써요. 우리 언니 둘은 자子 자 돌림이 아닌데, 내 이름만 왜 그렇게 지으셨나 몰라. 김석윤 감독이 〈청담동 살아요〉 할 때도 주인공을 '혜자'로 쓰더니, 이번 드라마에도 또 '혜자'야.

연출자와 작가들에겐 김혜자라는 존재 자체가 탐구 대상인 듯해요. 익숙했던 '혜자'의 틈새를 비집고 들어갈수록 불가사의한 생의 풍경이 펼쳐지니까 계속 호기심이 생기는 거죠. 봉준호 감독도 영화 〈마더〉에서 주인공 이름을 '혜자'로 썼잖아요. '국민엄마'를 비틀었더니 짐승처럼 스산한 모성의 여자가 나왔어요. 정말 신기하더군요. 그런데 일곱 살 때 우연히 출연한 연극에서도 '혜자'였다죠?

그랬어요. 개에 물려 공수병으로 죽는 아이였는데, 앓다가 죽어 가니까 관객들이 혜자를 죽이지 말라고 아우성을 쳤어요. (웃음) 그때 우리 언니가 '이 아이는 배우가 될 싹'이라고 했대요.

일곱 살 혜자부터 70대의 혜자까지. 여러 역할로 우리 곁에 있었는데 한번도 지루한 적이 없어요. 스스로도 자신이 쌓아 올린 이미지를 해체하고 역전시키는 재미를 느끼시나 봅니다.

그런가요? 나는 가만히 있는데 좋은 사람들이 때가 되면 불러주니 감사하죠. 내가 41년생, 한국 나이로 78세예요. 옛날 같으면 굉장히 오래 산 거죠. 왜 이렇게 오래 사나 싶을 때도 많아요. 생각해 보면 〈눈이 부시게〉의 '혜자' 역할도 이 나이니까 할 수 있었던 거잖아요. 김석윤 씨가 기다렸을 거예요. 더 나이 먹으면 죽을지도 모르니까, 딱 이 나이가 될 때까지. (웃음)

저는 창작자들이 선생의 이전 작품을 레퍼런스로 삼아 영감을 발전시킨다는 느낌도 받습니다. 노희경 작가의 드라마 〈디어 마이 프렌즈〉의 희자 역할도 알츠하이머였어요.

나는 〈디어 마이 프렌즈〉에서 안 잊히는 장면이 있어요. 상대역인 주현 씨한테 "나 잠이 안 와" 그랬더니 자장가로 〈서머타임〉

을 불러 주잖아. (배시시 웃으며) 저, 그때 너무 좋았어요. 치매가 깊어도 사랑이 구원하는구나. 사랑만이 답인 거죠. 요양원에서 주현 씨가 옆에서 퍼즐 조각 맞춰 줄 때도 그 여자는 산만하게 딴 데 보면서 다른 사람 간섭을 해요. 치매에 걸리면 그냥 아기인 거예요.

치매 노인의 머릿속엔 어떤 일이 벌어지고 있나, 궁금하다셨는데 이번 작품이 그 답이 됐겠습니다.

그랬죠. 나 옛날부터 몹시 궁금했거든. 치매 걸리면 뇌가 쪼그라든다는데 대체 뭐가 어떻게 되는 건가. 달나라에도 갈 만큼 기술이 좋아졌다는데 왜 그걸 못 푸나? 예전에 파키스탄 지진 현장에 가면 볼품없는 천막은 가만 있는데 튼튼하게 지은 2, 3층 건물들이 뒤집어져 있어요. 그거 보면 땅속에 커다란 손이 막 헤집고 다닌 것 같아. 치매가 그런 걸까. 교수 하다 치매 걸린 여자도 어느 날 대학 광장에서 황망해해요. 어디로 가야 할지 생각이 안 나는 거예요.

살아 보니 어떠셨어요?

나는 그냥 오롯이 그 시간을 살았어요. '혜자'라는 어떤 여자가 있었어요. 서민이지만 다정했던 여자지요. 사랑하는 남자와 결혼해 아이 하나 낳고 알콩달콩 살았는데 비극의 현대사 속에서 남편을 잃었어요. 살면서 그 여자는 돈이 제일 무서웠어요. 열심히 살다 좀 살 만하니까 치매에 걸린 거죠. 참 다행인 건 일평생 그 여자는 마음 밭이 좋았어요.

드라마에서든 일상에서든 김혜자를 보면 소설가 박완서가 생각나곤 했다. 평생 중산층 사람들의 풍속과 욕망을 싱싱한 수다체로 그려 냈던 박완서와 김혜자. 두 사람 다 일찍 결혼했고 가정의 충만을 누렸고, 재능 많은 그들을 산처럼 보호하던 남편을 일찍 여의었다.

박완서 선생과 인생도 작품도 많이 닮으셨어요.
나는요, 박완서 선생 글을 읽으면 행주 냄새가 났어요. 그분이 제 책 《꽃으로도 때리지 말라》에 추천사를 써 주셨는데, 소름 끼치도록 정확하게 나를 보셨어요. 읽어 줄게요. "김혜자의 연기를 보고 있으면 나라도 저럴 수밖에 없다고 생각한 나머지 그에게 내가, 아니 모든 여편네들이 썬 것처럼 오싹해질 때가 있다. 저런 연기의 깊이는 어디서부터 오는 걸까. 혹시 드라마 밖에서의 그녀는 힘이 다 빠져 무기력하게 지내는 건 아닐까, 궁금해하곤 했다."
내가 놀라서 선생님께 "이런 나를 어떻게 아셨어요?" 물었어요. 그랬더니 박완서 선생이 "나도 그래요" 하며 웃으시더라고. 내가 힘을 쓸 때는 정말 연기할 때랑 아프리카에서 아이들 안아

내가 배운 건

힘을 뺄 때

정말 좋은 게

나온다는 거예요.

줄 때밖에는 없어요. 다른 건 다 모르고 서툴러요.

불쑥 박완서 선생 댁에 찾아갔던 날을 떠올렸다. 한겨울에 마당에
노란 꽃이 피었더라고.

"김혜자 씨, 이게 복수초야. 눈을 뚫고 나오는 아이지" 하셔서
난, "그래도 이름이 복수는 나쁘다" 그랬어요. (웃음)

     선생 댁 마당에도 지금 봄꽃이 한창이지요?
제비꽃이 앉아서 퍼져 나왔어요. 담 앞엔 영춘화가 오래전부터
피었죠. 살구나무 벚나무엔 꽃봉오리가 오동통해요. 만지면 터
뜨릴 것처럼. 나는요, 서교동, 연희동에서만 50년을 살았어요.
집 밖으로 거의 나가지 않아요. 내 방이 있는 3층에서 보면 창밖
으로 사계절이 다 보여요. 외출도 싫어해서 다섯 살, 세 살 강아
지 보리랑 수수랑 눈 맞추고 놀며 얘기해요. 여기서 나가기 싫어
서 누가 강남에서 만나자면, 그 사람 막 미워지려고 해. (웃음)

자기 껍질 속에 사는 한없이 연한 사람을, 저 멀리 아프리카 아이들이
불러 주니 이 얼마나 감사하냐고. 김혜자는 월드비전 홍보대사로 30년
째 봉사하고 있다. 언제부턴가 품에 안은 아이가 당신 몸에 새겨진 검
은 문신 같다고 했다. 그 기록을 《꽃으로도 때리지 말라》에 담았다. 인

터뷰 중에도 "또 가야 될 땐가 봐. 아이들 만나고 싶어요"를 연발했다.

강남 나가기도 힘겨워하시는 분이 어떻게 매번 아프리카를 가세요?

그러니 감사하지요. 30년 전엔 비행기 직항도 없어서 이 나라 저 나라 거치다 보니, 이젠 안 가 본 곳이 없어요. 남들은 경비행기 타면 심장이 툭툭 떨어져서 구토를 하는데, 나는 안 그래요. 몸은 약해도 하나님이 튼튼한 오장육부를 주셨어. 비행기가 흔들릴 땐 앞에 계기판을 보고 '저렇게 요동을 치네' 그래요. 비행사 등 보면서 '아! 저 사람, 참 외롭겠구나' 해요. 그럼 어느새 다 와 있더라고.

평생 외로울 사이가 없으셨겠어요? 가정과 일터에서 '예쁨과 귀함'을 다 받고 사셨으니.

안 예쁘고 안 귀한 사람 있나요? 그런데 난 남편에게 사랑을 많이 받았어요. 감사하게도 너무 좋은 사람이었어. 열한 살 차이가 났는데, 살면서 나한테 화를 낸 적이 거의 없어요. 매번 "사람, 참" 하고 웃고 말았죠. 저세상으로 떠난 지 20년이 넘었는데, 지금도 그이가 생생하게 고마워요.

가족들도 보통명사인 '국민엄마'가 아니라 '내 엄마

김혜자'를 당겨 보듯 어여삐 구슬피 보았겠지요. 그런데 대학교 2학년 때 학교도 탤런트도 다 그만두고 결혼해서 아이 키운 건 후회 안 하세요?

그때, 나 정말 행복했어요. 아기가 너무 신기했거든. 우리 아들은 쌍꺼풀도 없고 눈이 보시시하게 부어 있었어요. 예뻤지. 그치만 네 살이 되니 젖 먹고 쓱 나가서 동네 애들하고 놀다 오더라고. 배신감이 들었어요. (웃음) 그래서 연극을 시작했고, 다시 드라마도 했죠.

〈전원일기〉에선 얼마나 멀리 오셨어요?

그거는 사람의 도리를 알려 주는 드라마였어요. 농촌은 무대였을 뿐이죠. 김정수 작가의 인생 드라마였는데, 그이가 10년을 쓰고 도망을 갔어. (웃음) 그 뒤로 김정수 씨가 쓴 〈겨울 안개〉, 〈엄마의 바다〉에도 출연했는데, 사람이 또 양반이라 지랄발광하는 그런 건 못 써요. 그런 건 김수현 씨가 잘했죠. 〈사랑이 뭐길래〉에서도 배배 꼬여 남 약올리는 대사를 할 땐, 그 신랄함에 인중에 땀이 수북이 고일 정도였어요. 〈모래성〉도 〈엄마가 뿔났다〉도 좋았죠. 김수현 씨만의 특별한 재능이 있는데, 그분이 긴 드라마 말고 12부작 정도의 미니 시리즈를 써 주면 좋겠어요.

출연작이 많지는 않지만 백상예술대상도 최다 수상

했고 영화 〈마더〉로는 LA비평가협회에서 주는 여우
주연상까지 받으셨습니다. 개인적으론 1983년 마닐
라영화제에서 여우주연상 받은 영화 〈만추〉를 못 본
게 아쉬워요.

우리 아들이 어느 날 〈만추〉 포스터를 찾아서 보여 줬어요. "엄
마 나이 마흔일 때 같아" 하면서요. 신기하고 고맙죠.

못다 이룬 꿈이 있으세요?

꿈? 난 그런 거 몰랐어요. 꿈이 뭔지 모르고 살았어. 누군가 내
가 할 걸 보여 주면 그걸 하며 살았죠. 그런데 가끔 이런 생각은
했어요. 영화 〈길〉의 젤소미나 같은 역할은 해 보고 싶다고. 〈내
사랑〉의 몸이 아픈 화가 모드 역할도 좋았어요. 그런데 그런 작
품을 보면 결국 시간이 지나면 모든 허물을 사랑이 다 덮어요.

이어 기습하듯 말했다. 어쩌면 이번 드라마가 김혜자의 마지막 챕터
가 될 거라고. "100세 시대지만 임무가 끝나면 하나님이 데려간다고
해요. 우리가 언제 죽을지 모르지만, 아마도 마지막 챕터가 아닌가 해.
잘 여미게 해 주셔서 얼마나 고마운지 몰라요."

마지막일지도 모르는 챕터에서 선생이 찾은 건 무엇
인가요?

사랑하고 사랑받은 기억이죠. 우리는 이제까지 치매라고 하면 며느리가 밥 안 줬다고 악을 쓰는 노인만 봤잖아요. 살아 보니 제일 아름다웠던 순간도 가슴 아팠던 순간도 다 소중하게 모여서 기억이 돼요. 뇌가 쪼그라들어도 우리는 사랑하고 사랑받은 기억으로 살아요.

스물다섯 살 '혜자'를 살아서 행복하셨어요?
행복했죠. 사랑하는 이를 기다리던 시간도 같이 보던 노을도…… 정말 눈부시게 행복했어요.

퍼즐처럼 맞춰지는 우리의 눈부신 시간들.

마지막으로 들려주세요. 시간이란 무엇입니까?
시간은요, 정말 덧없이 확 가 버려요. 어머나, 하고 놀라면 까무룩 한세월이야. 안타까운 건 그걸 나이 들어야 알죠. 똑똑하고 예민한 청년들은 젊어서 그걸 알아요. 일찍 철이 들더군요. 그런데 또 당장 반짝이는 성취만 아름다운 건 아니에요. 오로라는 우주의 에러인데 아름답잖아요. 에러도 빛이 날 수 있어요. (미소 지으며) 하지만 늙어서까지 에러는 곤란해요. 다시 살 수가 없으니까. 그러니 지금, 눈앞에 주어진 시간을 잘 붙들어요. 살아 보니 시간만큼 공평한 게 없어요.

자신의 연기가 사람들의 지친 삶에 바늘 끝만큼의 빛이라도 비춰 주길 바란다는 말로 기나긴 인터뷰가 끝났다. 살아 보니 인생에서 경계할 것은 교만이라고, 부디 이 인터뷰가 덧칠 없이 순하게 읽혔으면 좋겠다고도 했다.

며칠에 걸쳐 전화로 문자로 대화로, 김혜자와 오손도손 정담을 나누다 보니 그녀가 지금쯤 어떻게 시간을 보내고 있을지 머리에 순하게 그려졌다. 강아지 남매 보리, 수수에겐 오늘도 잘 자라고 인사했는지, 아침마다 골목길 비질하는 이웃은 여전한지, 마당에 벚꽃은 꽃망울을 터뜨렸는지, 오늘은 또 무슨 공상을 하며 하루를 보내는지, 드라마 속 그 여자를 떠나보내며 시들비들 앓던 몸은 좀 나아졌는지…….

생각해 보면 아프리카 아이들을 품에 안고 쓰다듬을 때나, <눈이 부시게>에서 젊은 한지민과 중년의 이정은을 바라볼 때나 김혜자의 눈빛은 동일하게 메아리쳤다. "너는 나야!" 그것은 연기라기보다는 본능이 데려다 놓은 어떤 간절한 상태로 읽혔다. 그것을 몰아沒我라 할까, 이타利他라 할까. 그토록 꿈꾸었으나 우리가 이르지 못했던 아름다운 착란錯亂이라 할까. 앞으로 얼마나 많은 여자가 또 그녀 안에 겹겹이 눈부신 똬리를 틀게 될까.

'혜자'는 "늙은 내가 젊은 꿈을 꾸는 건지 젊은 내가 늙은 꿈을 꾸는 건지 모르겠다"고 했으나 우리는 그 덕에 시간이라는 아련한 꿈을 꿀 수 있었다. 젊은 내가 얼마나 어여뻤는지, 늙은 나는 또 얼마나 어여쁠지, 청년과 노인은 또 얼마나 다정한 친구가 될 수 있는지. "너는 나야"라는 티켓을 쥐고 늘 막차를 타는 심정으로 카메라 앞에 서는 김혜자, 그는 이 눈부신 인생의 안내자였다.

2019년 3월

—

김혜자, 라고 호명하면 지금도 슬며시 가슴뼈에 바람이 빠진다. 온몸에 힘주고 악바리처럼 살다가 선생의 얼굴만 떠올려도 배시시 웃음이 난다. "그래, 이 맛이야~."

기억을 잃어도 "오직 사랑한 기억만은 남는다"던, 김혜자와의 인터뷰는 한동안 화제였다. 그가 백상예술대상에서 대상을 수상하며 인터뷰는 한 번 더 회자되었다. "오늘을 살아가세요. 눈이 부시게. 누군가의 엄마였고, 누이였고, 딸이었고, 그리고 나였을 그대들에게……" 떨리는 목소리로 읊던 시적인 수상소감과 함께.

선생은 잊을 만하면 요즘도 안부 문자를 보내온다. 그사이 강아지 보리 수수는 자라 새끼를 낳았다. 어린 생명을 두고도 보리와 수수는 앞산으로 동네 길로 신나게 뛰어다닌다. 김혜자는 2019년 10월 은관문화훈장을 받았다.

사소한 즐거움이 있는 한
인생은 무너지지 않아요

정신의학자 이근후

이화여대 명예교수이자 정신의학자인 이근후 선생을
만나러 평창동 '가족 아카데미아'를 찾아갔다. 그가 쓴 《백
살까지 유쾌하게 나이 드는 법》을 읽고 나서다. 김형석
교수의 《백년을 살아보니》가 100세 시대 인생을 돌아보는
성실한 교과서라면, 그의 책은 눈감는 순간까지 야금야금
반전의 재미를 추구하는 역동적인 100세 참고서. 50년간
15만 명을 돌본 그는 말한다. "인생은 필연보다 우연에
좌우되었고 세상은 생각보다 불합리하고 우스꽝스러운
곳이었다"고. 그래서 "산다는 것은 슬픈 일이지만, 사소한
즐거움을 잃지 않는 한 인생은 무너지지 않는다"고. 말의
갈피마다 구체적 지혜와 노화의 생기가 넘쳐흘렀다.
그는 현재 시력을 거의 잃어 아내이자 나의 대학 시절
은사인 이동원 선생(이화여대 사회학과 교수로 정년
퇴임 후 생애 교육터인 가족 아카데미아를 공동운영하고
있다)에게 연락해 인터뷰를 잡았다.
더위가 잦아든 늦여름 아침. 세검정 언덕 큰 바위 앞에
"죽을 때까지 재밌게 살고 싶다"고 선언한 노학자가
있었다. 형식적인 팔순 잔치가 싫어, 한 해 내내 "오늘이
내 팔순이야" 헤어질 때마다 지인들과 웃으며 기념했다던
그다.

《백 살까지 유쾌하게 나이 드는 법》제목 앞에 작은 명조체로 "어차피 살 거라면"이라는 전제를 달았더군요. 두 문구의 분위기가 달라서 놀랐습니다.

나는 "어차피 살 거라면"이라는 말이 좋았어요. 우리 중 누가 이 세상에 나오고 싶어서 나왔습니까? 저세상으로 떠나는 것도 내 의지와는 상관이 없지요. 그래도 '이왕이면 다홍치마'라잖아요. 어차피 주어진 생명이니 나름대로 즐기다가 저세상으로 가자는 거죠. 물론 쉬운 일이 아니에요.

85년을 살아오신 소감이 어떠신가요?

나이 든다는 게 즐거운 일은 아니에요. 그렇다고 마냥 슬프지도 않지요. 허허. 즐겁지 않은 게 나이 드는 일이지만, 그럼에도 불구하고 즐거움을 찾으려고 노력했어요.

《백년을 살아보니》를 쓰신 100세 철학자 김형석 교수와는 또 다른 지혜를 보았습니다. 철학자와 정신과 의사는 삶을 통찰하고 기술하는 태도가 다르더군요. 구체적으로 무슨 차이가 있던가요?

철학자가 관조적이라면 정신과 의사는 좀 더 생활적이랄까요.

김형석 교수는 자기 성찰에서 인류의 성찰로 나아간 분입니다. 나는 타인의 상한 마음을 다루는 사람이지요. 불특정 다수를 상대로 좀 더 직접적인 이야기를 하게 됩니다. 아무튼, 100세에 재혼하겠다고 농담하는 그 어른에 비하면 85세인 저는 어린이지요, 허허.

무엇보다 아내 되시는 이동원 선생과의 동행이 아름답습니다. 사회학자와 정신과 의사가 만나 인간과 사회의 거시적이고 미시적인 통합을 이루셨어요.

남들은 통합이라고 하지만 나는 쑥스러워요.

부부지간뿐인가요? 3대 13명의 가족이 한 채의 빌라에 모여 사는 가족 대통합도 놀랍습니다.

지금은 단일한 가치체계가 없어요. 가치의 아노미 과정에 있지요. 할아버지고 아들이고 손주고, 다 각자의 차이를 인정하고 존중해야 모여 살 수 있어요. 말 그대로 '다문화 사회'로 가는 거죠.

이들 대가족의 에피소드는 흥미롭다. 아들과 딸 내외가 모여 살지만, 그 합가의 정체는 모여 살며 어려움을 해결하는 집단지성 공동체에 가깝다. 집터는 그가 제공했지만, 자식들이 각자의 경제적 형편과 취향대로 집을 설계했고 현관 비밀번호조차 비밀에 부친다. 큰아들의 제안으로 함께 사는 17년 동안 위험을 나누어 지었고 위기를 매끄럽게 넘겼다. 한때 할아버지 집으로 가출했다가 무사히 귀가한 손주들은 "할아버지가 가장 잘한 일이 모여 살게 한 일"이라고 입을 모은다.

손주들과 잘 통하시는 모양입니다. 노인이 청년에게 줄 것은 가르침이 아니라 경청이라는 말이 인상적이었어요. 선생 자신도 늘 부드럽게 맞장구를 쳐 주셨던 외할머니와의 대화를 아름답게 기억하신다고요.

맞습니다. 대개 노인이 되면 성장기에 학습한 교양과 습관이 세포 조각 떨어져 나가듯 휘발돼요. 오롯이 남는 건 부모에게 받은 DNA와 기질, 어린 시절의 가정교육뿐이죠. 그래서 세 살 버릇이 여든까지 간다는 말이 나온 겁니다. 그렇게 중간 교양이 사라져 버리면 뭐가 남겠어요? 고리타분한 어린아이죠.

그 모습을 피하려면 노인은 노인이 되기 전부터 젊은이에게 얘기 듣는 걸 즐겨야 합니다. 하지만 경청은 무한한 자제력을 필요로 해요. 그 노력을 놓치니 어디 가서 마이크 받으면 안 놓고 한 시간을 횡설수설합니다. 시간은 짧게 느껴지지, 머릿속엔 이 얘기 저 얘기 떠오르지…… 그 두서없는 얘기를 듣느라 젊은이들도 인내력 테스트를 받는 거예요.

선생은 어떻게 경청을 실천하고 계신가요?

대학에서 가르칠 땐 매년 1학년 신입생을 받잖아요. 그 덕에 젊은이들과 교류했던 게 몸에 배었어요. 청년들 말을 알아들으려고 나는 애들이 쓰는 신조어부터 공부했어요. 어느 날 작정하고 신조어를 다 뽑았더니 A4용지 다섯 장이야. 그걸 벽에 붙여 두고 모르는 말 나오면 사전 보듯 찾아봤어요. 어느 순간 말귀가 트여 인터넷 댓글도 잘 달아요. (웃음)

유엔의 100세 시대 생애주기에 따르면 1~17세가 미성년, 17~65세가 청년, 65~79세가 중년, 79~99세가 노년이다. 그는 퇴직 이후 중년기를 알차게 썼다. 사이버대학교에 들어가 최고령에 과수석 졸업을 했고, 아내와 가족 아카데미아를 열었다.

　　노력이 대단하십니다.

허허. 제가 풀꽃세상이라는 환경단체에서 주는 최우수 인터넷 댓글상도 받았어요. 그 단체가 지렁이나 자전거에 상을 주는 재미난 곳이죠. 그런데 이젠 눈이 나빠지니 그렇게 좋아하던 소통도 못 하겠더라고. 왼쪽 눈은 네팔 의료 봉사하러 다닐 때 실명했고, 오른쪽 눈도 황반변성으로 세상이 흐릿해요. 그럴 때 필요한 게 '그럼에도 불구하고' 정신이죠.

　　'그럼에도 불구하고' 정신이요?

"추억조차 인위적으로 만드는 게 아니에요.
기분 좋게 지내는 하루하루, 생활이 추억이 되는 거죠."
사진© 장련성

네. 눈은 어둡지만 그럼에도 불구하고 즐거운 일을 찾자는 거죠. 손주한테 시급을 주고 내 말을 기록해 달라고 부탁했어요. 시력은 잃었지만 그 일로 손주와 정기적인 대화의 물꼬를 텄어요. 가끔 내가 쓴 용어를 손주가 못 알아들을 땐 그 말을 너희 세대는 어떻게 표현하느냐고 묻고 대체해요. 결과물은 우리 두 세대가 고루 담긴 젊은 문장이죠. 주고받고 섞이는 즐거움에 눈을 떴어요. 시력이 나빠져서 배운 게 그뿐 아니에요.

잘 안 보이니 뭐가 또 보이시던가요?

지방 강연 갔을 때 일이에요. 강연 도와주신 교수님이 계단 내려갈 때 내 손을 잡아 주셔서 제가 농담을 했어요. "잘 안 보이는 건 슬픈 일이지만, 그 덕에 교수님 손을 만지게 돼 영광입니다" 그랬더니 "손을 만지다와 잡다에는 엄청난 차이가 있다"고 알려 주더군요. '만지다'는 자칫 성추행의 혐의까지 둘 수 있다는 거죠. 그 설명을 못 들었으면 어쩔 뻔했나, 고마우면서 정신이 아득해졌어요. 나는 정신을 치료하는 사람인데, 언어에 그리 민감하지 못했던가, 반성도 했고요.

인생의 슬픔은 일상의 작은 기쁨들로 회복된다는 사실도 큰 위로가 됐습니다. 여전히 '그럼에도 불구하고'라는 해석의 힘이 필요하겠지요?

그렇죠. 하지만 인생의 슬픔이 작은 기쁨으로 회복되진 않아요. 잠시 잊을 뿐이죠. 인생은 고통이고 슬픔이에요. 그 끝이 죽음이라 슬픈 겁니다.

그럼에도 불구하고 선생은 언제 기쁘십니까?

순간순간 작은 일에 기뻐합니다. 열심히 공부해서 좋은 점수를 받을 때 기쁘고, 아이들 생산해서 키워 낸 것도 기쁩니다. 친구와 좋은 인연을 쌓은 것도 기쁘죠. 네팔에 봉사 다니는 것도, 광명 보육원에서 아이들 돌보는 것도 즐거워요. 즐거움을 목적으로 그 일을 하진 않았지만 해서 즐거우니 자꾸 하게 되더군요.

행복과는 다른가요?

행과 불행은 사람이 만들어 낸 신기루지요. 있지도 않은 걸 억지로 만들어 냈어요. 의학적으로 행복과 가장 가까운 상태는 쾌락이에요. 소망했던 걸 이뤘을 때 느끼는 만족감이죠.

그렇다면 불행은 무엇인가요?

행복하지 않은 거죠. 경계는 명확하지 않아요. 간소하게 끼니만 때워도 행복한 사람이 있고, 진수성찬 차려 먹어도 불행을 느끼는 사람이 있지요. 신기루와 같으니 가타부타 따질 것이 못 됩니다. 분명한 건 자기 성질대로 잘 살다 보면 만족하고, 만족이 지속되면 행복을 느낀다는 거죠.

한 사람의 행과 불행은 그가 살았던 시대의 풍파를 고스란히 흡수한다. 이근후 교수의 인생은 격동의 현대사와 맞물려 파란만장했다. 의과대학(경북대) 레지던트 시절 4.19 주동자로 지목돼 10개월간 감옥살이를 했다. 출소하니 전과자 딱지가 붙어 유학길도 취직길도 막혔더라고. 그는 자신의 인생은 계획대로 풀리지 않았다고 했다. 무엇을 제대로 해 볼라치면 의지를 꺾는 장애물이 나타났다.

고민 끝에 당시 의사들이 기피하던 국립정신병원 원장에게 편지를 썼고 받아들여졌다. 다행히 그곳에서 임상 경험을 쌓아 의사로서 크게 성장했다. 전화위복이었다. 인생이 순탄하게 흘러가나 했더니, 난데없이 군대 소집 명령이 떨어졌다. 시절이 바뀌어 4.19 사면자가 되면서 입영 통지를 받은 것.

제대 후 다시 원점에 섰다. 부르는 곳이 없었지만, 낙망하지 않고 일일이 선배들을 찾아다니며 조언을 구했다. 예상치도 못하게 연세대 전임강사 제안을 받았고 이후 이화여대로 옮겨 평생을 가르쳤다.

그는 그 시절의 경험을 이렇게 썼다. "어떻게든 살아가고자 애쓰면 마법처럼 막다른 곳에서 새로운 세상이 열린다. 이게 여든다섯 해를 살아 본 내가 당신에게 말할 수 있는 단 하나의 진리다." 나는 그 말에 크게 위로받았다.

불운과 행운이 꼬리에 꼬리를 물고 이어지는 게 삶. 우리가 보는 세상이 전부가 아니며 끝난 것 같아도 끝이 아니다. 계획대로 되는 법도 없다. 그래서 불안하지만 그래서 희망한다. 85년 산 노학자의 통찰에 따르면 "인간은 죽을 때까지 버텨야 하는 운명"이고, "운명 앞에서 약자인 자신의 처지를 고뇌하며 꿋꿋하게 버텨 내는 게 인간다운 삶"이다.

그럼에도 불구하고 감옥과 군대를 들락거릴 땐, 인생이 왜 이리 안 풀릴까 답답했을 텐데요.

가정을 꾸렸는데 부양을 못 하니 괴로웠지요. 애들이 넷이나 되니 셋방도 잘 안 줘서 이사도 밥 먹듯이 했고. 이동원 선생이 혼자 살림을 꾸렸는데, 그때 생각하면 머리가 횡해서 기억도 안 난대요. (웃음) 아내가 있기에 지금의 내가 있지요.

사실 역사의 한복판에 있었지만, 나는 처음부터 용기 있는 사내는 아니었어요. 사회에 문제가 있다는 건 알았지만 바꿔야겠다는 생각은 못 했어요. 의과대 공부만으로도 힘이 들었거든. 어쨌거나 학생회에서 4.19 지도자 자리를 맡았고, 어찌어찌 회의하고 선언문 만들면서 변해 간 거죠. 그전까지 나는 반장을 해도 차렷 경례만 하고 여학생 보면 담벼락에 붙어 숨을 정도로 수줍음이 많았어요.

그런 내가 4.19를 변곡점으로 달라진 거예요. 그게 정신과적으로 보면 분노를 폭발시킨 거라. 분노를 터뜨려 영웅의 옷이 덧입혀지니, 그에 걸맞은 행동이 뒤따라간 거죠. 감옥에 갇히니 생각도 깊어졌어요. 다행스러운 건 내 전공이 정신과였다는 거예요. 정신과 의사가 되지 않았다면 나는 환자로 약을 먹고 살았을 사람이에요.

환자와 의사는 크게 다르지 않다고 했다. "나는 그 경계에 있다가 체계적인 교육을 받아 환자를 치료했을 뿐. 환자를 치료하면서 나도 치료가 됐어요."

국내 최초로 감옥 같던 정신과 병동을 개방 병동으로 바꾸고 사이코드라마 치료도 시작하셨어요. 환자를 향한 동병상련의 마음이 계기가 됐던 건가요?

내가 교도소에 갇혀 봐서 알지요. (웃음) 개방 병동은 정신의학 교과서대로 한 거예요. 보통 환자가 혼자서 웃는 것, 중얼거리는 걸 의미 없다고 기술해요. 나는 환자의 모든 행동이 의미 있다고 생각했어요. 정신분석 이론에 원인이 없는 결과는 없어요. 실없어 보이는 웃음, 중얼거림을 치료자가 못 알아들었다고 '의미 없음'으로 단정해선 안 되죠. '의미를 발견하지 못했다'고 적어야 해요. 내 마음을 대하듯, 마음의 고통을 앓는 사람들을 치료했습니다.

50년 넘게 15만 명을 진료하면서 깨달은 것이 삶의

고통은 과거의 후회와 미래의 불안에 집착해서라고
요. 딱 제 얘기 같았습니다. (웃음)
그게 대표적인 증상이에요. 49퍼센트 병리에 51퍼센트 정상이
면, 다들 겉으로 보이는 51퍼센트로 정상인처럼 살아갑니다.

억울한 생각, 불안한 생각이 차오를 땐 어찌합니까?
그런 생각은 인위적으로 끊어 낼 수 없어요. 잊으려고 애쓸수록
과거는, 미래는, 괴물처럼 커져요. 방법은 그럼에도 불구하고 재
밌는 일을 찾는 거예요. 원한을, 걱정을 잠시라도 잊을 수 있는
즐거운 일을 찾아서 야금야금해야죠. 상한 마음이 올라올 틈이
없도록. 불안을 끊어 낼 순 없지만 희석할 순 있거든요. 그렇게
작은 재미가 오래 지속되면 콘크리트 같은 재미가 돼요.

불안을 덮으려고 눈앞의 조작적 즐거움에 집착하면 이후 감당 못 할
고통만 커질 뿐이라고 했다. "섹스, 마약, 알코올 중독처럼 눈앞에 큰
쾌락을 추구하면 뼈아픈 대가를 치릅니다."

재능에 대해 불안해하는 극작가 이강백 선생에게는
"자기를 너무 높이도 낮게도 보지 말라"고 충고하셨
죠. 살면서 가장 필요한 기술이 '자신을 바로 볼 줄
아는 능력'이라고 한 건, 그만큼 자기객관화가 어렵

다는 얘기겠지요?

자기객관화만큼 어려운 게 없어요. 자기를 제대로 보는 건 사실상 불가능합니다. 높게 보거나 낮게 보거나. 대부분 자기 왜곡이죠. 그래도 포기하면 안 돼요. 끝없이 노력하면 바로 보는 것에 근접할 수는 있어요.

'85세 이근후'. 자신을 객관적으로 보면 어떻습니까?

일단 오래 살았어요. 내 아버지는 49세에 병으로 돌아가셨어요. 49세 때, 나도 아버지처럼 죽을까 봐 두려웠어요. 정년퇴직 후에야 '얼마나 살까'를 잠시 잊었지요. 그래도 칠십을 넘고 팔십을 넘을 줄은 몰랐어요. 지금의 나는 저세상에 더 접근해 있어요. 불안에 떨지는 않지만, 불안을 안고 사는 85세지요. 그런 줄도 모르고 후배 교수는 나를 바위 같다고 하더구먼, 허허.

스스로 85세의 한가운데를 지나가는 자신이 놀랍다며 웃었다. 쓸쓸하고도 충만한 미소였다. 불안조차 정직하게 수용한 채였다. 고혈압에, 당뇨에, 지니고 있는 병이 한둘이 아닌데도, '85년 된 고물차'를 끌고 부산으로 미국으로 캐나다로 강연을 다녔다고 했다. 내게도 그는 바위처럼 보였다. 바람이 불어와도 버티고 서서 늘 그 자리에 있는 바위. 우리에게 어른이란 그런 존재가 아닌가.

어른이 되어서도 대접받으려 드는 수동성이야말로
사회와 불화하는 가장 큰 요인이라고 지적하셨지요.
먼저 다가가 작은 거라도 나눠야 외롭지 않다고요.

얼마 전 시니어타운에 들어간 친구를 찾아갔어요. 응접실에서
고운 할머니 한 분을 봤습니다. 혼자서 책을 읽는데 책장을 안
넘기고 웃기만 해요. 일명 조용한 치매지요. 한쪽에서는 몇몇
할머니들이 함께 모여 배꼽이 빠져라 웃어요. 자, 두 그룹 중 누
가 행복하겠어요?

모여서 수다를 떨어야 건강해요. 친구에게 들으니 시니어타운
남자들은 대부분 혼자 밥 먹고 자기 방에 들어간대요. 서로 눈
인사도 안 하는데, 우스갯소리로 그걸 '강남 자존심'이라고 한
대요. 다들 사회에서 한가락 했으니 대접받으려는 자세를 못 버
린 거죠. 명함 내려놓고 즐겨야 남는 거예요. 과거에 높았건 낮
았건, 한집에 들어왔으니 재밌게 어울려야죠. 수다 떨면 죽을
여가도 없어요.

자녀들과 좋은 관계를 유지하는 것도 말년의 큰 복입
니다. 비결이 있는지요?

자녀와 좋은 관계를 유지하려면 좀 무심한 게 좋습니다. 부모가
아이의 운명을 결정한다는 생각 자체가 오만이지요. 가끔 강연
에서 만난 어머니들에게 질문을 해요. "자녀를 잘 키우고 싶으

원한을, 걱정을
잠시라도 잊을 수 있는
즐거운 일을 찾아서
야금야금해야죠.

세요? 아니면 자녀들이 잘 컸으면 좋겠어요?"

잘 키우고 싶은 건 엄마죠. 잘 컸으면 싶은 건 주체가 아이예요. 취학 전엔 아이를 주체로 키우던 부모도 학교 보내면 자신의 가치관을 주입하더군요. 사회 전체가 스스로 잘 크는 아이를 용납 못 하니 안타까워요. 부모는 아이가 잘 크도록 도울 뿐입니다. 다만 아이의 기질과 재능에 맞추기 위해 예의주시해야죠. 관찰을 잘하면 기어 다닐 때도 특성이 보여요. 나머지는 아이의 자생력을 믿으세요.

선생은 아이가 스스로 잘 크도록 놓아 키우셨습니까?

아내나 나나 일하러 가야 했으니 놓아두지 않을 수 없었어요. 이론상으로도 그게 맞으니 이제사 합리화를 하는 거죠, 허허.

큰아드님이 천문학자인 이명현 선생이시죠?

맞아요. 이젠 나보다 아들이 더 유명해. 학문의 스케일도 크지요. 나는 사람의 마음을 다루지만, 내 아들은 가시적으로 광대한 우주를 설명하니까요. 아들과 우주와 별에 관해 이야기할 땐 그 무한함에 할 말을 잃어요.

그 아들이 얼마 전 자기 대에 이르면 제사를 지내지 않겠다고 결정했고, 그는 "굶는 영혼이 되겠구먼" 웃으며 반겼다고 했다. 제사는 산 자들에게 즐겁고 의미 있는 자리고, 오직 자식들의 몫이라고.

　　죽음에 대해 여쭙지요. 오래 살아도 마지막에 두려워
울면서 죽음을 맞이한 부모가 자식에게 트라우마가
된다는 걸 저는 최근에 알았습니다. 평안하게 죽음을
맞이하는 것만큼 사랑하는 이에게 큰 선물은 없다고
하셨죠. 쉽지 않은 일입니다.

죽음은 두렵지요. 그게 정상이에요. 정신분석에서 보면 죽음을
대면하기 무서워 자살하기도 합니다. 죽을 때까지 기다리지 못
해서요. 최근엔 관에 들어가는 체험도 하더군요. 관에 들어갔다
가 나오는. 하지만 그조차 오만입니다. 헛소리죠. 아무런 준비
없이 오는 게 죽음이에요. 죽음은 올 때 경건하게 받아들이면
돼요. 연습으로는 알 수 없는 게 죽음입니다.

우리가 할 수 있는 건, 가는 날까지 사람에게 예의를 갖추고 웃음이 나
는 좋은 추억을 많이 만드는 것뿐이라고 했다. "추억조차 인위적으로
만드는 게 아니에요. 기분 좋게 지내는 하루하루가 추억이 되는 거죠."

　　혹 삶에서 특별히 소중한 우연과 인연이 있으신가요?
모든 인연과 우연이 다 고마워요. 진심입니다. 젊을 땐 서운한
것도 많았지만, 나이 들수록 성경에 있는 '범사에 감사하라'가

가장 좋은 말이라는 걸 알겠어요. 억울했던 일들도 조용히 생각해 보면 다 감사의 창문이 열리는 소리였어요.

매일 아침 눈뜨면 어떤 생각이 드나요?

아! 행복하다. 이왕 눈떴으니 재밌게 살아야지. 오늘도 눈떠서 인터뷰할 생각을 하니 좋아요. 김 선생이 가고 나면 또 그 좋은 여운이 며칠을 가요. 기사가 나오면 그걸 보고 나누며 또 며칠이 즐겁겠지. 그렇게 하루하루 불안을 달래 가요. 소소한 즐거움의 끈을 되도록 길게 만드는 거지, 허허.

오늘 하루를, 선생은 또 어떻게 보내실 생각입니까?

오후엔 네팔에서 온 친구와 차를 마실 거예요. 그다음엔 집에 가서 흔들의자에 앉아 TV를 켜겠지요. 눈이 안 보이니 소리로만 뉴스를 들어요. 시사 프로의 패널들이 과장해서 떠드는 얘기를 듣고 있으면, 꼭 젊은 날 정신과에서 환자 보는 것 같아 재밌어요, 허허허. 그렇게 또 하루가 가는 거죠.

2019년 8월

이근후의 인터뷰 기사가 나간 후 〈김지수의 인터스텔라〉 연관 검색어로 '행복은 신기루'라는 문구가 뒤따랐다. 사람들은 '행복은 신기루'라는 단어를 마른 사막에서 발견한 샘물처럼 기뻐 들이켰다. 그 모습이 놀랍고도 신선했다. 생각해 보니, 나 또한 그러했다. 그동안 지속적으로 '행복해야 한다'는 강박이 오히려 나의 자존을 훼손하지 않았던가. 행복Happiness과 우연을 뜻하는 단어 해프닝Happening은 어근이 같다. 행복은 기실 요행이며 마음의 상태일 뿐 외부 조건과는 아무런 상관이 없다는 걸 왜 눈치채지 못했을까.

노학자는 '행복은 신기루'라는 말로, 그 모든 것을 정리해 냈다. 잠시 떠올랐다 사라지는 신기루를 좇느라 목마름의 지옥에 살지 말고, 내가 만들 수 있는 작은 즐거움으로 큰 슬픔을 덮고 살라고. 인터뷰 사진 속에서 그는 자주 파안대소한다. 이근후 선생과 이동원 선생은 그 사진들을 몹시 맘에 들어 했다. 남편이 볼 수 없으니, 아내가 그 모습을 설명해 주었을 것이다. 그들의 대화를 상상하는 것만으로도 평화로워 사위가 고요해졌다. 고요한 중에 오직 선생의 다정한 목소리만 귓전에 울렸다. "인생에 부침이 있고 부침을 잘 견디면 편안한 시기가 다시 찾아옵니다. 그래서 버티는 힘이 필요하지요."

성공은
높이보다 넓이예요

댄서 리아킴

리아킴이 '유튜브 시대의 슈퍼스타'라는 소식을 들은 건
발 빠른 패션계에서였다. 펜디, 버버리, 나이키 등 글로벌
브랜드들이 리아와 광고를 찍고 그녀를 무대에 세웠다.
구글은 중요한 콘퍼런스마다 그녀를 초청해 공연을
부탁한다. 누적 조회수 35억, 전 세계 구독자 1600만 명의
유튜브 채널 '원밀리언 댄스 스튜디오'의 대표 안무가.
트레이드마크인 까만 단발머리를 흔들며 팝핀, 로킹,
힙합을 오가는 리아를 보고 지금 전 세계가 춤바람이 났다.
고졸에 고시원에서 생활하던 20대 스트리트 댄서는 어떻게
5년 만에 세계인의 몸과 마음을 사로잡았을까? 리아의
유튜브 동영상엔 즐거운 전염성이 있었다. 나도 저곳에서
함께 춤추고 싶다는 원초적 충동을 불러일으킨달까.
때로 충동은 운동에너지로 변환된다. 사람들은 컴퓨터
앞에서 클릭만 하던 손가락을 멈추고 한국행 비행기
티켓을 끊어 서울 논현동으로 날아왔다. 지금, 이 지역
일대는 전 세계에서 몰려오는 '댄스 관광객'으로 때아닌
특수를 맞고 있다.
원밀리언 댄스 스튜디오를 찾았다. 칠흑같은 단발머리를
찰랑거리며 리아가 들어섰다. 청량한 기운이 스튜디오를
가득 채웠다.

당신과 춤추고 싶어 전 세계에서 사람들이 날아온다지요?

미국, 러시아, 아르헨티나, 스웨덴, 중국, 일본…… 아시아인부터 아프리카 흑인까지 찾아와요. 주변에 게스트하우스도 식당도 많아졌대요.

100만 명을 춤추게 하고 싶다는 목표로 세운 원밀리언1million 댄스 스튜디오는 이미 그 목표를 넘어선 지 오래다. 춤을 콘텐츠로 하는 엔터테인먼트 회사 원밀리언은 매일 동영상을 업로드하고, 〈Shape of You〉 동영상에 맞춰 리아가 춤추는 동영상은 5천만 뷰를 넘어섰다.

스트리트, 유튜브 그리고 춤이라는 세 가지 '힙'의 요소가 다 당신에게 있어서겠지요. 구글 콘퍼런스에서 AI가 작곡한 음악으로 춤출 때는 기분이 어땠나요?

인간과 AI의 컬래버레이션이 주제였어요. 로봇이 만든 판타지 음악에 맞춰 춤을 췄는데, 정말 손끝에서 전율이 일었어요. 전 이런 프로젝트가 정말 좋아요. 2017년 마카오 구글 콘퍼런스에 초대받았을 때는, 딸깍거리는 로봇 댄서에서 점점 인간이 되는 공연을 했어요. 가끔 그런 생각을 해요. 영화 〈공각기동대〉에서 스칼렛 요한슨이 맡은 주인공 메이저(인간과 AI의 결합체)가 돼 보고 싶다고.

유튜브에서 당신과 춤추며 웃는 사람들을 보니 활력
이 넘치더군요. 실제 어떤가요?

음…… 마이웨이? 하하하.

마이웨이?

(빙그레 웃으며) 네. 저는 춤을 잘 못 추는 비기너 클래스 분들에
게 영감을 많이 받아요. 잘하려고 눈에 독기 품지 않고 자기 즐거
움에 풍덩 빠져 있거든요. 정말 마이웨이죠. '누가 보면 어떡하
지?' 하는 두려움은 다 내려놓고 자기 느낌대로 흐느적거리는데,
그 에너지가 정말 사랑스러워요.

**의외군요! 당신은 케이팝 가수들의 칼군무를 가르친
사람으로 유명한데요.**

그렇죠. 공연하는 댄서라면 칼군무도 멋지죠. 저도 그 매뉴얼의
수혜자로 팝핀, 로킹을 배웠고요. 외국인들도 "리아의 춤은 군더
더기 없고 샤프하다"고 감탄을 합니다. 그런데 춤을 즐기는 건
또 차원이 달라요. 자유로움이 느껴지는 막춤이 행복해 보여요.

**요즘엔 조회수와 구독자가 곧 영향력인데, 자신의 위
치가 어디라고 느끼나요?**

제가 2006년 스트리트 댄스 로킹 부문 세계 대회 1위를 했어요.

그런데 그 뒤에 더 큰 슬럼프를 겪었죠. 그때 위아래의 개념이 무너졌어요. 정상까지 올라가면 어느 순간 내려갈 일만 남더라고요. 성공은 높이가 아니라는 걸 깨달았습니다. 지금은 많은 걸 넓이로 느껴요. 많은 사람과 연결되면서 제 경험도 그만큼 넓어지고 다양해졌거든요.

성공은 높이가 아니라 넓이다?

그렇죠. 성공은 높이가 아니라 넓이예요. 성공의 개념이 넓이가 되면 1등 하겠다는 욕심이 없어져요. 예전엔 가장 유명한 안무가, 최고의 안무가가 목표였지만, 지금은 새로운 경험에 목이 말라요. 자꾸만 더 재밌는 일을 하고 싶어져요.

춤에 눈뜬 건 열여섯 살 무렵이었다. 사교성이 없고 외골수였던 10대 소녀는 몇 년간 '센 아이들'에게 찍혀서 전따(전교생의 따돌림)를 당했다. 자존감이 바닥을 쳤다. 친구들이 무서웠고 온 세상이 자기를 거절하는 것 같았다.

성격도 성적도 뭐 하나 내세울 것 없이, 풀 죽어 보내던 어느 날. 그녀 앞에 섬광처럼 나타난 인물은 마이클 잭슨.

TV에서 마이클 잭슨이 〈빌리 진〉을 추고 있었어요. 그때 떠오른 생각은 오직 한 가지. '아! 나 저거 하고 싶다.'

평창동계올림픽에서 도깨비 춤을 췄던 댄스팀 저스트절크를 만났을 때도 같은 말을 들었어요. 마이클 잭슨을 보고 춤을 시작했다고. 열여섯 살 왕따 소녀는 마이클 잭슨의 어떤 면에 그토록 반했나요?

(생각에 잠기며) 뭐랄까…… 마이클 잭슨은 군중을 많이 쳐다보지도 않았어요. 한 번 쓱 보고는 금세 자기한테 집중을 해요. 아무런 눈치 보지 않고 자기 안에 강하게 내재한 에너지를 발산했는데, 그게 너무 크게 느껴졌어요. 그는 관객들을 자기 안에 빨아들이고 있었어요. 그게 뭔지는 나중에 알았어요.

많은 가수가 관객들에게 임팩트를 보여 줘야 한다는 부담감에 끌려다닐 때가 많아요. 그런데 테크닉이 아무리 대단해도 자기가 없으면 보는 사람이 감동을 못 해요. 마이클 잭슨은 아니었어요. 자기를 믿고 몰입했죠.

춤을 추고 싶다는 소녀의 손을 가장 먼저 붙잡아 준 사람은 아버지였다.

아버지가 춤을 배울 곳을 찾아서 데려다주셨다고요.

네. 친구도 없고 공부도 못하고 방황하던 딸이 뭔가 열정을 보이니까 믿어 주신 거죠. "한번 가 보자" 앞장서서 청소년문화센터 같은 데를 데리고 가셨어요.

"제 인생은 쪽팔림의 연속이었어요. 그 쪽팔림이 다리가 돼서
쪽팔림을 극복하면서 여기까지 왔어요. 계속 춤추면서요."
사진ⓒ 박상훈

그러나 춤 세상이 녹록한 것은 아니었다. 2006년, 2007년 연이어 로킹, 팝핀 부문 세계 대회 1등을 했지만, 정상을 제패했다는 기쁨은 3일을 못 갔다. 경제적 형편도 조금도 나아지지 않았다. 기획사 연습생들을 데리고 편의점에 갔다가 "잔액이 부족합니다"라는 말을 들었을 땐, 쥐구멍에라도 들어가고 싶었다.

잔액이 부족합니다…… 참 뼈아픈 말이네요.
네. 그런데 저는 20대 내내 잔액이 부족했어요. (웃음) 한 달에 120만 원 조금 넘게 벌었는데, 지하 스튜디오 월세 70만 원, 고시원 방값 30만 원을 내면, 휴대폰 요금도 미납될 때가 많았어요. 7~8년을 그렇게 살다가 20대 마지막에 여유가 좀 생겼어요.

빈곤의 경험이 트라우마로 남았나요?
(생각에 잠기며) 아버지가 건설사 간부셔서 어린 시절은 풍족했어요. 다만 IMF 이후 실직하셔서 집안 형편이 좀 어려워졌죠. 집도 돈도 없는 나날이었는데, 어느 날 아버지 그러셨어요. "혜랑(리아킴의 본명)아, 돈이 진짜 많으면 뭐 할래? 세 끼 먹을 거 다섯 끼 먹고, 솜이불 대신 금이불 덮고 잘까? 밥 세 끼 먹고 덮고 잘 이불 있으면 행복한 거다." 그때 생각했어요. 힘들지만 밥 굶지 않고, 노숙하는 것도 아니니까 괜찮아, 라고.

문득 의문이 들어요. 이효리, 소녀시대, 원더걸스 춤 선생으로 이미 유명했고, JYP, CJ엔터테인먼트 등에서도 트레이너와 안무가로 일했잖아요. 케이팝은 춤과 함께 더 스포트라이트를 받는데, 정작 안무가의 지위가 그토록 불안정했다는 게 놀라워요.

작곡가는 저작권이 있는데, 안무가는 저작권 개념이 없어요. 게다가 춤은 좀 무시하는 경향도 있어서 일하는 내내 존중을 못 받았어요. 어떤 기획사들은 레슨 가면 "야! 왔냐" 대뜸 반말부터 해요. "안무비? 그냥 좀 해 줘." 당연히 받아야 할 돈을 요구하는 건데, 돈 밝히는 사람처럼 취급하죠. 전 이런 식의 무례에 알레르기가 있어요. 왜 저런 표정, 저런 태도로 나를 대하지? 밥 먹는 시간까지 아껴서 갈고닦은 실력으로 하는 건데, 왜 재능을 공짜로 쓰려고 하지? 제가 원밀리언을 만든 것도 비즈니스 시스템을 제대로 구현하고 싶어서였어요.

세계 대회 1등을 해도, 유명 가수의 히트곡 안무를 만들어도 빛을 못 보던 '리아킴' 브랜드는 새로운 곳에서 출구를 찾았다. 2011년 중국 댄스 배틀에서 프랑스에서 온 영상 전문가들이 리아킴의 프리스타일 춤을 촬영해 유튜브에 올린 것. 순식간에 20만 뷰가 나왔다. 리아는 동료들에게 컴퓨터를 가리키며 말했다. "우리가 설 무대는 바로 저기야!"

8년 전에 이미 뉴미디어를 발견했군요.

제가 세계, 국내 아울러서 무대에서 정말 춤을 많이 췄어요. 그런데 "오늘 몇 명 왔어?" 물어보면 "오늘 진짜 대박이야. 300명이나 왔잖아" 이런 식이었어요. 아무리 대회에서 1등 하고 개인기를 뽐내도 한계가 보였어요. 우리들만의 리그 같은 느낌? 그런데 눈앞에 유튜브라는 새 무대가 보인 거죠. 300명과 20만 명을 가르는. 제가 안무를 짜고 동료 댄서(원밀리언의 공동대표 윤여욱)가 영상을 찍기 시작했어요. 마침 그 친구가 결혼식 촬영 아르바이트를 오래했거든요. (웃음)

리아는 즉석에서 2014년 처음 찍었던 동영상을 찾아서 보여 주었다. 〈드렁크 인 러브〉라는 타이틀로 나온 영상에 대한 반응은 폭발적이었다. 그때까지만 해도 한국 여자 댄서가 자신만의 안무로 춤추는 동영상이 없었기 때문이다. 그리고 5년 뒤 현재, 언급했다시피 원밀리언의 누적 조회수는 35억. 리아는 한국에서 가장 성공한 유튜버가 됐다.

경제적 보상도 충분히 받았나요?

(미소 지으며) 곰팡이 날리던 지하 스튜디오에서 나와 햇빛 드는 곳에서 살게 됐어요. 소속 안무가도 30명, 영상팀, 스타일링팀도 있죠. 매출이요? 강습, 공연, 광고, 해외 워크숍 등의 수익으로 35억 정도 돼요. 분명한 건 이제 잔액을 확인하지 않고 동생

들 밥 사 줄 수 있다는 거. 그게 정말 행복해요. 진짜 너무너무 행복해, 하하.

조회수 35억, 연 매출액 35억 같은 숫자보다, 동생들 밥 사 줄 잔액이 충분하다는 게 더 감격스럽다고 했다. 리아는 그 기쁨만큼은 오래 누리고 싶어 했다.

내가 추면 전 세계가 춘다, 라는 생각이 드나요?

하하하. 그러길 바라요. 제가 만든 트와이스의 〈TT〉 춤이 싸이의 〈강남스타일〉처럼 다 따라 할 수 있는 춤이 되면 좋겠어요.

고교 시절 연습실에서 한 번에 푸시업 천 번을 했다는 게 사실인가요?

네. 그때는 춤이 너무 재밌어서 힘든 줄 몰랐어요. 춤을 배우는 데 시간이 늘 모자랐어요. 남들은 밥 먹는 시간 빼고 춤췄다는데, 저는 밥을 먹다가도 췄어요. 화장실에서도, 거리에서도, 엘리베이터를 기다리면서도 춰서 사람들이 깜짝 놀라곤 했어요. 심지어 자면서도 각기춤을 췄대요. (웃음) 그래서 부모님 설득해서 대학 안 가겠다는 허락도 받아 낸 거고요.

대학을 다시 가고 싶은 마음은 없나요?

학위 욕심은 없어요. 다만 마흔이 넘으면 공연예술과 철학을 공부해 보고 싶은 갈증은 있어요.

매일 유튜브 영상을 올리는 게 버겁진 않습니까?

'매일매일'이 바로 성공 비결이에요. 꾸준히 빠지지 않고 올려야 구독자들에게 신뢰를 얻어요.

리아가 먼저 추고 다른 사람이 이어서 추는 영상의 구성이 좋더군요. 함께 즐긴다는 느낌이 들었어요.

비기너 클래스에선 그 순서를 바꾸기도 해요. 내 안무의 주인공이 꼭 내가 될 필요는 없으니까. 세계에서 온 다양한 개인이 즐겁게 추는 게 콘셉트예요. 학생들은 서로 나와서 찍고 싶어 해요.

동영상에서 "리아는 전설이다"라는 댓글을 많이 봤어요. "나도 저기서 저들과 춤추고 싶다"는 댓글도. 전 세계에서 당신 춤을 따라 한 커버 댄스가 올라올 때, 소통의 희열이 크겠어요.

안무가로 사는 가장 큰 보람이죠.

어쩌면 춤은 자기만의 소울, 자아 찾기와 연결이 되는 것 같습니다. 타인의 시선에서 서서히 벗어나 나만

의 박자, 속도, 웨이브를 찾아간다는 느낌이에요.

맞아요. 우리는 다 춤의 유전자를 타고났어요. 자기만의 그루브, 흥이 있죠. 최고의 자리에 있는 춤꾼들 중에도 커리큘럼에 따라서만 추는 사람이 있어요. 안타깝죠. 댄서들도 자기 소울이 있을 때 힘이 생겨요.

어떤 댄서를 좋아하지요?

단연 마이클 잭슨이죠. 그리고 키오니&마리 부부. 안무 구성력이 뛰어나요. 제이 블랙은 온몸이 그루브로 꽉 차 있어요. 갓세븐의 뱀뱀, 트와이스의 모모, 블랙핑크의 리사도 뛰어난 댄서예요.

당신이 쓴 책 《나의 까만 단발머리》에서 보니 출근 전에 혹은 퇴근 후에 잠깐 들러 춤추고 가는 세상을 꿈꾼다고요. 영화 〈쉘 위 댄스〉가 생각났어요.

제가 원하는 세상이 그거예요. "춤 배우러 오세요" 그러면 다들 "제가요? 입고 갈 옷도 없어요" 막 손사래를 치세요. 스타벅스 갈 때, 편의점 갈 때 뭐 입고 갈까 걱정 안 하시잖아요. 퇴근길에 커피 한 잔, 맥주 한 캔 주문하듯 메뉴판에서 힙합, 소울, EDM을 골라서 한 곡 추고 가는 거예요.

자기만의 막춤을 추세요.
세상에 '박치'는 없어요.
자기만의 리듬이 있을 뿐이죠.

'집밥 백 선생'처럼 춤을 쉽게 가르치는 '집춤 김 선생'이 되고 싶다고.

춤이 뭐라고 생각해요?

잘해야지 하는 순간, 의미를 상실하는 무엇. 여유의 에너지 같아요.

하지만 리아는 댄스 배틀에 능했잖아요. 당신에게 이긴다는 건 뭐죠?

경험해 보니 이기고 싶은 순간, 지는 것 같아요. 이기고 싶은 마음이 없는 여유 있는 사람과의 대결에서 저는 늘 마음으로 먼저 졌어요. 이긴다는 건 제겐 버리고 싶은 감정이에요.

스포츠와는 다르다고 했다. 그건 이겨야겠다는 절박감으로 승부를 내는 일. 춤은 배틀조차도 놀이의 일부였다.

예전엔 저도 이겨야 행복했는데 그 뒤엔 바로 허무가 오고 슬럼프가 따라와요. 이기겠다는 마음을 버리고 나서야 알았어요. 함께 추면서 느끼는 행복의 크기가 더 크다는 걸.

이젠 누가 저더러 "너, 이거 이상해" 지적해도 기분이 안 나빠요. 내 부족이 드러날 때 날이 서지 않고 되게 덤덤해지는 거 있죠. '아, 그거 나 잘 못해, 하면 되지 뭐.' 남들과 비교를 안 하니까 자존감이 떨어질 일도 없어요.

　　자존감이 떨어질 땐 어떻게 추스렸나요?
제 인생은 쪽팔림의 연속이었어요. 방송 오디션(⟨위대한 탄생
2⟩, ⟨댄싱9⟩)에 나가서 고배도 마셨어요. 그런데 그 쪽팔림이 다
리가 돼서 쪽팔림을 극복하면서 여기까지 왔어요. 계속 춤추면
서요.

춤으로 세계 1등 한 사람이 못하는 노래 대회는 왜 나왔느냐는 독설도
들었고, 제자가 심사위원석에 앉은 댄스 오디션에서 탈락하는 수치도
겪었다. 그런데 그 쪽팔린 것도 기회가 되더라고, 세상일은 한 치 앞을
모르더라고 리아가 해맑게 웃었다.

　　유튜브로 인생 반전을 겪어 보니 어떤가요?
저는 댄서라는 직업에 콤플렉스가 있었어요. 제가 하는 일이 격
이 떨어진다고 생각했죠. 세상에 보탬이 되는 위대한 일을 하는
사람들을 보면, 내가 한없이 작아졌어요. 그런데 결핍투성이였
던 제가 요즘엔 이런 말을 들어요. "리아의 춤을 보면 세상이 밝
아 보인다." "용기가 생겼다." "우울증을 극복했다."
연습실에서 좋아 죽겠다는 얼굴로 웃고 소리 지르는 사람들을
보면 저렇게 행복하게 살 수도 있구나 싶어서 나도 모르게 손뼉

을 쳐요. 소소하게 그런 좋은 에너지를 주고 있다는 게 나쁘지 않아요.

요즘엔 무슨 꿈을 꿉니까?

음…… 목표가 꿈이 될 수는 없어요. 더 많은 사람에게 춤의 기쁨을 알리고 싶다는 것, 이것도 목표죠. 제게 꿈은 어떤 사람으로 어떻게 살고 싶은지 찾아가는 거예요. 어렴풋하게나마 쫓기지 않는 사람, 여유 있는 사람이 되고 싶다는 꿈을 꿔요.

당신에게 꿈과 춤은 동의어군요! 마지막으로 회사원이 양복 입고 들어왔어요. 그에게 춤의 기쁨을 어떻게 가르쳐 주겠어요? 일단 넥타이 풀고 구두를 벗어야겠죠?

아니요. 그대로도 좋아요. 일단 음악 틀고 눈치 보지 않게 불을 꺼 줄 거예요. 자기만의 시간을 갖고 몸의 흥을 느껴 보라고요. 세상에 '박치'는 없어요. 자기만의 리듬이 있을 뿐이죠. 여러분도 집에서 해 보세요. 화장실도 좋아요. 좋아하는 음악 한두 곡 틀어 놓고 마음껏 몸을 흐느적거리는 거예요. 느껴 보세요, 조금씩 차오르는 행복을!

어깨춤이 절로 난다, 는 말이 있다. 행복해서 춤을 추지만, 춤을 춰야

행복해지기도 한다. 소울과 그루브로 가득 찬 몰아의 마이웨이. 리아

가 그걸 가르쳐 줬다.

2019년 7월

공이 오면 공을 친다,
거기에만 집중하세요

야구선수 이승엽

《직업으로서의 소설가》에서 하루키는 야구장에서 날아오르는 공을 보고 그 순간 '아! 소설을 써야겠다'는 결심을 했다고 썼다. 인생 한 방으로서의 홈런. 떠오른 야구공은 보는 사람에게도 인생 반전을 꿈꾸게 한다. 그러나 곧 깨닫는다. 날아오르는 모든 것들은 그 비상의 아름다움만큼 정직한 헌신을 요구한다는 것을. 단순히 공이 왔을 때 공을 치기 위해, 저 타자는 수많은 시간을 엉덩이를 모으고 스윙을 했겠구나. 저 공을 지탱하는 것은 두 팔의 힘이라기보다는 두 발과 엉덩이의 시간이겠구나. 23년 동안 600회가 넘는 홈런으로 국민들에게 행복감을 안겨 주었던 이승엽. 은퇴 5개월 차 '전직 국민타자' 이승엽은 150일 동안 헬스클럽에 100일을 나갔고, 한번도 운동을 하지 않았다고 했다. "너무 바빠서, 씻기만 했어요." 전형적인 아저씨 몸매가 돼 가고 있다고 그가 쌍꺼풀 진한 눈으로 웃었다.

그는 야구 인생 33년을 정리하는 책 《나. 36. 이승엽》을 출간했고 동시에 유소년을 위한 장학재단을 출범했다. 이승엽야구장학재단은 환경이 어려운 아이들이 마음껏 야구를 할 수 있도록 지원하고, 이승엽 자신은 아이들을 위해 코치나 인생 상담 프로그램도 병행할 예정이라고 했다.

이승엽은 양복을 입고 넥타이를 맨 채 인터뷰 자리에
나타났다. 과묵해서 쉽사리 열리지 않을 거라 생각했던
그의 입은 속사포에 가까웠다. 논리와 감성, 경험과
교훈이 적절하게 배합된 화술은 지금 당장 자기계발
강사로 강단에 서도 모자람이 없을 정도였다. 어떤
상황에서나 몸값을 해야 하고, 책임을 져야 한다는
선명한 프로 의식. 질문의 공을 던질 때마다 주저하거나
엉덩이를 뒤로 빼는 일이란 없었다.
평생 승부를 위해 살던 '공 앞의 사나이'가 남을 위해
살기로 결정했을 때 그 풀어진 몸에서 나오는 부드러운
생기에, 주변 사람도 광합성이 되는 것 같았다. 그는
프로야구 2군 개막식에 다녀오는 길이라고 했다.

국내 시즌에서는 한번도 2군에서 뛴 적이 없지요?

15시즌 동안 한번도 없어요. 9년 동안 엔트리에서 빠진 적이 없죠. 그래서 저는 사실 2군 선수들의 고통을 몰랐어요. 야구는 그냥 하면 잘되는 거였어요. 그런데 일본에 가서 2군 생활을 길게 해 보고야 알았어요. 내가 그 생활을 겪지 못했으면 내 야구가 깊이가 없었겠구나.

무슨 뜻입니까?

2군은 정말 치열해요. 1군에서 뛸 수 있는 준비를 하면서 성적도 잘 내야 발탁돼서 1군으로 올라가요. 어마어마한 생존 경쟁입니다. 그 생활을 모르면 세상을 반쪽만 아는 거죠.

모두가 힘들던 IMF 시절, 이승엽의 홈런은 실의에 빠진 국민들에게 희망을 선사했다. 1999년 KBO리그 최초로 50홈런 시대를 열었을 때 그 열풍은 어마어마했다. 부러울 게 없었던 이승엽은 그러나 2004년 삼성 잔류와 메이저리그 진출 대신 일본을 선택해 대한해협을 건너갔다. 어찌된 일인지 대한민국 4번 타자는 일본에서는 힘을 쓰지 못했다. 머리카락 잘린 삼손처럼 긴 시간 부상과 부진, 향수병이 이어졌다. 일본의 지바 롯데, 요미우리 자이언츠, 오릭스 버팔로스 세 구단에서 활약했던 8년의 기간 동안 1군과 2군의 체류 비율은 60대 40이었다.

언제 처음 2군 통보를 받았나요?

2004년 지바 롯데에서 성적이 안 좋았어요. 그때는 공이 너무 안 쳐져서 2군을 자원한 건데 지금 생각해 보면 한심합니다. 평생 1군 무대도 못 밟고 2군에서 은퇴하는 선수들도 많거든요. 제 결정이 교만했죠. 팀도 처음엔 불러서 부상도 있으니 2군에서 조정하고 오라고 부드럽게 배려하지만, 신임을 잃으면 매니저에게 그냥 통보가 와요.

결과가 숫자로 나오는 데이터 스포츠라 매 승부마다 촉각이 곤두설 것 같습니다.

합법적인 선에서 무슨 수를 쓰든 이겨야 하는 세계죠. 프로에선 1등이 두 명일 수 없고, 친한 친구와도 실력으로 공존할 수 없어요. '이겨야 산다'는 목적의식이 확고해요. 처음엔 친구와 같이 잘하고 싶다고 생각했지만, 감정과 승부는 구분되더군요. 어깨 두드리며 서로 격려해도 마음속엔 '저 친구가 못해야, 이 친구가 다쳐야 기회가 온다'는 생각이 생겨요. 그렇게 갈등과 번민이 다져지면서 강한 남자가 되는 거죠.

강한 남자라…….

원래는 여린 남자였는데 일본 생활하면서 바뀌었어요. 아기 사자가 수사자가 됐죠. (웃음)

정글의 서바이벌을 깨친 수사자가 된다는 건 어떤 기분입니까?

서글프죠. 남이 실수해야 기회가 온다는 생각을 할 때 얼마나 창피했겠어요. 살아남고 싶은 마음이 그만큼 강했던 거예요. 그런데 그게 승부예요. 2군 선수들 보면 마음으로 응원을 해요. 모두 성공할 수는 없겠지만 어떻게든 성장해서 1군으로 나아가라고.

그는 요미우리 자이언츠에서 2006년 정규 시즌 개막 전부터 4번 타자로 뛰었다. 일본 동료 선수들이 "당신은 거인 군단의 4번 타자입니다. 나쁠 때도 좋을 때도 4번 타자입니다"라고 쓴 감동적인 한글 편지를 건네 주기도 했다. 성적이 좋을 땐 하라 다쓰노리 감독의 총애도 받았다. 하지만 2008년부터 손가락 부상으로 성적이 부진해지자 2년간 불편한 동거가 이어졌다.

당시에 그는 공이 겁나고 빠져나갈 구멍이 안 보였다고 했다. "산을 넘어야 하는데 컴컴한 나무가 앞을 가로막고 있는 심정이었어요. 2군에 가서도 통상 열흘이면 다시 불려 나갔는데, 무려 102일을 머물렀어요. 자신감이 떨어지고 눈치를 보게 되면 무너지는 건 순식간이에요."

그만두고 싶다는 생각은 하지 않았나요?

전혀요. 야구를 잘할 땐 더 큰 목표가 있어서 하고 싶었어요. 못할 땐 이렇게 끝낼 수 없어서 하고 싶었죠. 포기할 생각은 못 해 봤어요. 사실 잘하면 시기 질투, 못하면 혹독하게 대우받는 존재가 외국인이에요. 아침에 일어나서 야구장 갈 생각하면 우울해졌으니, 잘될 리가 없었죠. '먹튀'다, 실패자다, 그런 얘기도 들었지만, 저는 8년간 진짜 많은 걸 배웠어요.

언제나 내가 최고일 수 없다는 걸 알게 된 뒤로는 홈런 후 과한 세리머니를 자제하게 됐다고.

그 와중에 2008년 베이징 올림픽에서는 큰 성과를 거뒀습니다.

그때도 예선전에서는 부진했어요. 준결승, 결승전에서 홈런 하나로 모든 걸 만회했어요. 홈런 못 쳤으면 죽을 때까지 실패자 낙인이 찍혔을지도 모르죠. (웃음) 기대가 크면 당연히 그 실망감도 크거든요. 어떤 상황에서든 저는 다만 한국 선수들과 뛰는 게 너무 행복했어요.

당시 김경문 감독의 리더십이 탁월했지요?

네. 준결승 당시 저는 연이어 삼진, 병살타를 당해서 괴로운 상황이었어요. 관중석에선 한국분이 "이승엽 빼라!" 고함을 치고. 2 대 2 상황에서 타석에 나가기 전에 감독님을 쳐다봤어요. '제발 날 좀 빼 주세요' 신호를 보내면서. 안 쳐다보시더군요. 그런

"이기는 방법만 배우고 기본기를 못 배우면
정작 프로에 와서 오래 못 가고 망가집니다."
사진© 박상훈

데 놀라운 일이 일어났어요. 원 스트라이크, 파울을 하나 친 상황에서 느낌이 반전됐어요. 보통 그 상황이면 자신감이 떨어져서 엉덩이가 뒤로 빠지는데, 스윙 감각이 살아났어요. 공이 배트에 맞는 순간 '이거다' 싶었죠. 2점 역전 홈런이 터졌어요.

결정적 순간에 홈런을 치면 어떤 기분인가요?
말도 못 하게 기쁘죠. 부진했던 설움이 한 방에 날아가는 쾌감! 얼마나 울었는지 모릅니다. 심리적 안정효과도 커서 결승전에선 첫 타석에서 또 홈런을 쳤습니다. 참가만 해도 기쁜 올림픽에서 금메달을 땄으니 그 영광이 이루 말할 수 없죠. 감독님께 나중에 왜 그때 부진한 나를 안 빼 주셨냐고 했더니 "4번 타자를 바꾸면 거기서 지는 거다" 그러시더군요.

'인생 한 방'이라는 말이 연상됩니다. (웃음)
'왜 내가 이런 불행에 처했나' 자책하면 미궁에만 빠져요. 단순하게 '공이 오면 공을 친다' 그거에만 집중하면 훨씬 수월해요. 제가 자주 하는 말이 '준비는 힘들게, 승부는 편하게'예요.

엄청난 연습 벌레로 알고 있어요. 경기가 끝난 후에도 새벽까지 스윙 200개를 쳤다는 건 유명합니다.
야구선수라면 다 그렇게 할 거예요. 감각, 스피드, 궤도, 자세…… 배트를 들고 섰을 때부터 공을 칠 때까지 가장 좋은 자세를 유지하기 위해서는 몸에 익히는 수밖에 없어요. 그냥 맹목적으로 하는 건 아니고 집중력을 갖고서요.

그렇게 연습을 하고 배트를 놓으면 손바닥이 다 벗겨졌다. 세수하면 마디마디 잡힌 굳은살이 얼굴에 사정없이 상처를 냈다. 생각해 보면 야구선수의 손은 발레리나의 발과 같다. 발레리나가 구황작물처럼 비틀어진 발가락으로 가볍게 날아오르듯, 야구선수는 살이 벗겨진 손바닥으로 공을 비상시킨다.

이승엽은 1976년 대구에서 2남 1녀의 막내로 태어났다. 초등학교 시절 야구를 시작해 1995년 처음 프로 무대를 밟았다. 데뷔 3년 만인 1997년 정규 시즌 MVP에 오른 뒤 1999년, 2001년, 2002년, 2003년 통산 다섯 차례 최고의 선수로 인정받았다. 홈런, 득점, 2루타, 1루타, 타점, 장타율 모두 최다기록을 달성했다.

태어나서 처음 간 야구장에서 OB베어스의 투수 박철순을 보고 반했던 일곱 살 꼬마는, 13년 뒤 잠실구장에서 우상의 공에 홈런을 날렸다. 손바닥이 감전될 정도의 쾌감이었다. 하지만 어떤 날은 홈런을 치고도 고개를 숙이고 그라운드를 돌았다. 점수 차가 크게 벌어진 상황에서 너무 젊은 투수의 공을 쳤을 때가 그랬다. 이승엽의 아버지는 강하고 엄했다. 잘하는 선배보다 못하는 선배에게 깍듯이 하라는 건 절대 명령이었다. 담배와 술을 원천적으로 차단했고, 혹여 재능에 도취될까, 건방 떨지 말라고 혹독하게 정신을 단속했다.

아버지에게 반항할 생각은 안 했나요?

아니요. 저희 아버지 카리스마가 정말 대단하셨어요. 97년도에 첫 MVP에 홈런왕이 돼서 그 포상으로 차를 두 대 받은 적이 있어요. 한 대는 제가 타겠다고 말씀드렸다가 된통 혼이 났어요. 딱 한 마디 하셨는데 그 말이 정말 무서웠어요.

어떤 말이죠?

"건방지게!" 그 한 마디 말의 위력이 정말 컸어요. 99년도에 두 번째 MVP가 되고 나서야 제가 차를 갖는 걸 허락하셨어요.

아버지가 그에게 운동선수로서의 자기 절제와 겸손을 가르쳤다면 어머니는 막내 아들에게 조건 없는 사랑만 베풀었다. 늘 안쓰러운 얼굴로 맛난 밥만 입에 넣어 주시던 어머니는 뇌종양으로 돌아가셨다.

은퇴식 때 울었던 건 어머니 때문이었습니까?

네. 엄마는 진통제만 먹고 제때 병원엘 안 가셨어요. 제가 더 신경을 못 써드린 게 평생 후회가 돼요. 저도 중2 때부터 고3 때까지 부상으로 팔이 굽어서 하루도 안 빠지고 진통제를 먹었어요. 어머니가 새벽마다 잠든 제 곁에서 전기찜질을 해 주셨어요. 지금도 팔이 완전히 펴지지 않아요. 결국 투수에서 타자로 바꿨지만, 모든 과정에서 어머니라는 존재가 제겐 큰 위안이었어요.

우승했을 때나 은퇴했을 때나 그는 혼자 어머니 산소를 찾았다. 한 사람의 탁월한 '아웃라이어'가 탄생하기 위해선 1만 시간의 노력이 필요하다지만, 어쩌면 그 1만 시간 또한 오롯이 혼자만의 소유가 아니다.

최근엔 투지와 인내를 의미하는 그릿grit이라는 말이 천재성을 넘어서는 성취의 키워드로 주목받고 있어요. 만인의 사랑을 받는 국민타자가 된 비결을 뭐라고 보나요?

제가 고집이 세요. 최고가 되겠다는 목표의식도 뚜렷하고요. 비결이랄 건 없지만 전 항상 힘든 걸 먼저 해요. 100개 스윙을 해야 하면 그날 130개를 해요. 그러면 다음 날 70개만 하는 게 아니라 150개를 할 수 있게 됐어요. 그런 날들이 쌓여 하루에 300개 스윙을 하는 저를 발견하는 거죠. 스스로에 대한 자신감과 만족감이 쌓여 갔어요. 그런데 제 아들에게 숙제를 먼저 하라고 했더니 힘들어하더군요. (웃음)

한 번 노력할 수는 있지만, 그 노력이 항상성을 유지하기는 쉽지 않습니다.

저도 인간인데 나태해질 때가 왜 없겠어요. 그런데 그런 저를 질책해 주시는 분들이 곁에 있었어요. 삼성에 복귀해서 2013년에 부진했어요. 그 전년도에 성적이 좋아서 '한국 야구는 쉬워. 안 해도 잘할 거야' 자만을 했더니, 바로 나락으로 떨어지더군요. 그때 류중일 감독님이 불러서 너 왜 요즘 열심히 안 하냐고 호통을 치셨어요. 김성근 감독님도 일본에서 "열심히 안 하면 배트 놔야지"라는 충격적인 말씀을 하셨고. 그런 말을 들으면 머리끝이 쭈뼛거려요. 정신을 차리고 다시 2시 연습이면 1시에 나오고, 공과 배트를 정성껏 닦았어요. '승엽아! 오늘도 잘해 보자' 혼자 중얼거리면서요.

프로로 23년간 해 보니 야구가 어렵습니까, 쉽습니까?

야구만큼 단순하고 깊이 있는 스포츠가 또 없어요. 쉽게 생각하면 쉽고 어렵게 생각하면 어렵습니다. 아무 생각 없이 타석에 들어서면 쉬워요. 이 투수가 나에게 어떤 공을 던질까. 공만 보고 공을 치면 되는 거죠. 그런데 투수와 머리싸움을 하고 볼카운트를 신경 쓰고, 스코어와 주자를 생각하다 보면 스스로 늪에 빠집니다. 나 자신과의 싸움인 거죠. 거두절미하고 '직구가 오면 이렇게, 변화구가 오면 이렇게'만 생각하면 됩니다. 같은 맥락으로 후배들에게도 말합니다. 아마추어는 과정만 생각하고 프로는 결과만 생각하라고.

장르 불문 결과만 요구하는 세상입니다만.

프로는 결과를 못 내면 집으로 가야 합니다. 아마추어는 달라요. 초중고 시절에 이기는 방법만 배우고 기본기를 못 배우면 정작 프로에 와서 오래 못 가고 망가집니다. 결과만 생각하다 꿈을 못 이루고 하차하는 선수들이 많습니다.

야구를 안 했으면 무엇을 했을까요?

야구를 좋아하는 평범한 직장인이 됐겠죠, 퇴근하면 매일 야구장에 가는. 제 인생에서 야구를 빼면 10퍼센트 정도밖에는 안 남아요. 은퇴했지만, 지금도 야구 경기를 보러 가요. 초등학교 때부터 과학자, 소방관, 대통령이 아니라 야구선수를 꿈꿨어요. 33년간 정말 신나게 꿈을 꿨어요.

특별히 더 기억에 남는 승부가 있나요?

2002년 한국시리즈 6차전이요. LG와 9회 말 동점에서 3점 홈런을 쳐서 한국시리즈 첫 우승을 했어요.

가장 뼈아픈 실패의 기억은?

2008년 일본 재팬시리즈예요. 요미우리 자이언츠에서 총 일곱 경기에 나가서 겨우 안타 두 개를 쳤어요. 패인이 저라고 생각해서 정말 괴로웠어요.

잘되고 안 되고는
모든 게 끝났을 때
알 수 있습니다.

몸값을 해야 한다는 부담이 평생 짐이 되었을 것 같습니다.

박수도 비난도 다 감당해야죠. 부담도 있었지만, 전체적으로 행복한 인생이었습니다.

극심한 압박감이 몰려올 땐 어떻게 대처했나요?

가족을 위해서, 팀을 위해서, 팬을 위해서, 나를 위해서 '저 공을 치자'고 생각해요. 저는 철저히 저를 믿었어요. 압박감이 심할 땐, 잘했을 때의 상황과 못했을 때의 상황을 그려 봐요. 9회 말 2아웃에 2 대 1로 지고 있을 때 내가 저 공을 치면 스타가 되고, 아니면 역적이 된다……. (웃음) 후배들한테도 어떤 행동을 할 때 겁이 나면 그 결과를 미리 그려 보라고 해요.

"야구는 실력만으로 되는 게 아니다. 나의 운을 젊은 선수들에게 물려줘야 했다"고 했는데요.

부상 때문에 2군에 갔을 때 많은 걸 봤어요. 정말 열심히 하는 친구도 기회가 없어서 자포자기하는 모습을 보고 안타까웠어요. 저는 못 해 본 거 없이 다 해 봤어요. 이제는 뒤로 빠져서 후배들에게 기회를 줘야죠. 지난해 은퇴 시즌에도 몇몇 경기는 제가 빠지고 후배들에게 기회를 줬습니다.

은퇴를 생각한 건 2011년 즈음이었다. "오릭스에서 2년 연장 계약을 하면 2013년이 마지막일 거라고 생각했어요. 그런데 삼성이 저를 부르고 기적처럼 다시 기회가 왔어요. 결국 마흔두 살에 은퇴했으니 5년을 보너스로 더 얻은 셈이죠."

행복한 은퇴였나요?

남 앞에 나서는 성격이 아닌데 어쩌다 보니 은퇴 투어도 하고 은퇴식도 했어요. 자부하건대 우리나라 역대 야구 선수 중 제가 가장 행복한 삶을 살았어요.

삼성 라이온즈는 이승엽이 달았던 등번호 36번을 명예의 넘버로 비워두기로 했다. "36번은 인기 없는 번호였어요"라고 그가 너털웃음을 터뜨렸다. "저는 10번, 11번, 27번을 좋아했는데 다 선배들이 달고 계셔서 어쩔 수 없이 36번을 받았어요." 그런데 그 번호를 달고 MVP도 되고 홈런왕도 되고 보니, 운명의 번호가 되더라고.

라이벌은 누구였나요?

저 자신이요. 오로지 저의 나태와 자만과 싸웠습니다.

그는 살면서 모든 결정을 다 스스로 내렸다고 했다. 초등학교 때 단식 투쟁을 거쳐 야구를 시작한 이후, 고교 시절 대학 진학 대신 프로 구단에 입단한 것도, 메이저리그를 뒤로하고 일본으로 간 것도, 다시 삼성으로 돌아와 2017년 은퇴를 한 것도. 다른 사람 말을 듣고 결정해서 실패하면 그 사람 탓을 할 것 같았기 때문이다. 결국 자신의 인생에 허튼 시간은 없었다는 것을 증명하기 위한 치열하고 낙관적인 싸움이었다.

홈런왕 이승엽, 국민타자 이승엽이 국민들에게 남기고 싶은 메시지가 있습니까?

(한참을 생각하다가) 야구장에 가면 스무 살이든 마흔 살이든 다 똑같아요. 후배들은 선배들보다 더 노력해서 따라잡겠다는 마음뿐이고, 선배들은 후배들에게 뒤지지 않겠다는 마음뿐이죠. 노력은 나이를 이길 수 있어요. 무슨 일이든 포기만 하지 마세요. 잘되고 안 되고는 모든 게 끝났을 때 알 수 있습니다.

만약 그가 2008년 2군의 고통 속에 선수 생활을 끝냈다면, 만약 그가 2013년 국내 복귀 후 한물갔다는 야유를 받았을 때 선수 생활을 끝냈다면, 이승엽의 1막 2장은 달라졌을 것이다. "나쁠 때도 좋을 때도 당신은 4번 타자!"라던 동료 선수들의 편지는 그의 삶으로 현실이 됐다.

2018년 4월

난 매번 지금이
제일 행복해,
그렇게 노력하는 거지

배우 신구

배우 신구를 만나러 대학로 공연장을 찾았다. 기억을 잃어 가는 노부부의 로맨스를 그린 연극 〈장수상회〉는 연일 매진이라 극장은 초만원이었다. 유치원생 아이부터 팔짱 낀 연인, 손을 꼭 잡은 노부부까지, 로비는 발 디딜 틈이 없었다. 대학로 공연장이 이토록 붐비는 모습을 본 건, 몇 년 만이다.

무대에 선 82세 신구의 몸은 날렵하고 노련했다. 객석의 거리까지 계산해서 출력된 그의 목소리는 때로 공기의 허를 찔러 기습했고, 때로 보드라운 감촉을 남기며 결을 따라 번져 갔다. 반백 년 넘게 오로지 연기를 위해 사용된 그의 신체와 그의 육성, 그의 테크닉과 그의 순발력은 숭고와 완벽을 드러내기보다 자연적이고 순항적이어서 바라보는 관객을 압도하지 않았다. 아무도 탄성을 지르지 않았고 그저 그의 장단에 맞춰 낄낄대고 웃었으나 불이 꺼진 후엔 모두 다 조용히 흐느꼈다.

분장실에서 무심히 화장을 지우는 그를 향해 사진기자가 셔터를 눌렀다. 거울 앞에 선 노배우의 맨얼굴엔 약간의 피로와 쓸쓸함이 묻어났다. TV 드라마에서 신구의 얼굴을 볼 때마다, 나는 통증이나 슬픔을 삭힌 포유류 같다는 생각을 했다. 비명을 참는 것이 아니라 오래전 비명을 삼켜 버린 얼굴.

소주 한잔 곁들이며 인터뷰를 하기로 했던 터라 근처 선술집으로 자리를 옮겼다. 쟁반에 배달된 소주병을 보자 그는 막대사탕 본 아이처럼 해맑게 웃었다.

무대에 등장하는 첫 장면부터 리드미컬하게 걸으셔서 깜짝 놀랐습니다. 평소에도 많이 걸으십니까?

한번 걸으면 6킬로미터 이상 걷나 봐요. 일주일에 세 번 이상 운동을 해요. 예전엔 양재천을 걸었어요. 뛰진 못해요. 나이 드니까 걷지. 지금 송파 쪽으로 이사 와서는 피트니스 클럽을 가요. 다리 힘이 필요해서 근육 운동도 열심히 한다고. 보약 먹으며 하는 사람도 있겠지만 나는 밥 먹듯이 운동해요. 현장에 있으려고.

소주 한 잔 맛있게 털어 넣으며 그가 말을 시작했다. 그의 말은 언뜻 어눌한 듯하지만 간간이 명랑하고 정갈했다.

객석이 꽉 찼어요. 일곱 살 꼬마부터 노부부까지, 가족이 손 꼭 잡고 숨죽이며 보더군요.

무대에서 객석을 보면, 참 고맙기도 하고 놀랍기도 해요. 연극이 어렵다고들 하잖아. 손님이 잘 안 들어요. 근데 또 정붙이면 이 맛이 기가 막히거든.

그런데 그 많은 대사를 대체 어떻게 외우세요?

암기 못 하면 못 하는 일이니까. 연극배우들이 암기력이 좋지요. 그래도 팔십 넘으니 기억력이 쇠퇴하는 건 피할 수 없어요. 같은 분량도 대본 들고 씨름하는 시간이 길어지지. 나라고 별수가 있나. 무조건 대본을 봐요. 더 닳도록 보는 거지.

신구라는 이름에 뭔가 특별함이 있나 봅니다. 노구에
도 (웃음) 이리 늘 새로운 모습을 보여 주고 도전을
마다하지 않으시니 말입니다.

글쎄, 특별한진 모르겠어요. 신구란 이름은 연극계 원로이신 동
랑 유치진 선생이 지어 주셨어요. 본명은 순기예요. 성씨인 신에
오랠 구舊자를 붙여 주셨어. 어려워서 이유는 물어보지도 못하고
그다음 공연부터 바로 썼지요. 아마 오래하란 뜻이셨던가 봐.

100세 시대에 오래 일하는 건 모든 인간의 꿈이지요.
(함빡 웃으며) 다들 예쁘게 봐 주시니 가능한 일이죠.

스물여섯부터 지금까지 어떤 마음으로 일하셨어요?
이렇게 말해도 될지 모르겠지만 나한테 연기는 종교랑 비슷해
요. 종교는 없지만 도 닦는 마음으로 했어요. 구도의 심정이랄
까. 영화와 TV, 연극은 조금씩 달라. 영화와 TV는 카메라 앞이
라 변수가 많지만, 연극은 일정 시간의 연습이 반드시 필요해
요. 더 예술성이 있다는 건 아니야. 그저 진이 빠지도록 연습한
게 정직하게 나오는 작업이죠.
재산을 모으는 일도 아니고 그냥 내가 좋아서 한 거라, 허허. 기

자 양반 말대로 나한테 청년다움이 남아 있다면 그건 충분한 연습 때문이에요. 젊을 때 유치진 선생에게 배운 말씀이 아직 귀에 남아 있어요. 허투루 할 수가 있나.

아쉬움은 있다고 했다. 육체적으로 가장 전성기라고 할 40대에서 60대까지 연극 무대를 떠나 TV와 영화에서 활동했기 때문이다. 이젠 나이 드니 도리어 퇴물이 된 당신을 무대에서 다시 불러 주어 고마울 따름이라고, 소주가 들어가 불콰해진 얼굴로 말했다.

덕분에 저희는 그 시간 동안 선생의 연기를 안방 TV에서 볼 수 있었습니다.

나는 그 덕에 처자식과 먹고살았죠, 허허.

이순재 선생과는 이번에도 더블 캐스팅입니다. 연극 무대에 동지로 서 있으니 외롭지 않으시겠습니다.

그렇죠. 젊을 땐 우리가 TV나 영화에서 한번도 만난 적이 없어요. 나이 들어 〈황금연못〉, 〈앙리 할아버지와 나〉 그리고 이번에 〈장수상회〉까지 세 작품을 같이하고 있으니, 좋지요. 그분이 우리나라 1등 중의 1등이거든.

두 분의 더블 캐스팅이 관객 입장에서는 참 재미있습

니다. 연기 스타일도 외모도 확연히 다르시니까요. 이순재 선생은 발음이 선명하게 직진한다면, 선생은 공기 반 소리 반의 호흡법이 탁월하십니다.

다르죠. 내 발성은 무지하게 노력해서 그리 된 거예요. 연기는 발음도 중요하지만, 소리의 높낮이를 운영하는 게 관건이에요. 혀를 입천장에 붙이느냐 이 사이에 닿게 하느냐. 입안에서 혀를 어떻게 놀리는가는 오직 노력만으로 되는 거거든.

공기의 허를 찌르는 화법이 쉽게 나온 게 아니군요. 저는 선생의 발성이 참 둥글다는 생각을 했습니다.

대화는 에너지의 흐름이에요. 소리가 공기 중에서 퍼질 때 위아래 진폭을 갖는다고. 그 에너지를 섬세하게 조절해요. 음성이 크다고 유리하지 않아요. 맥시멈으로 소리를 올리면 앞에서 듣는 사람은 귀가 아프거든. 압축하고 풀면서 리듬을 타야지. 아내 역으로 출연 중인 손숙, 박정수 씨도 호흡이 다 달라요.

두 분 중 더 잘 맞는 분이 있습니까?

연습 없으면 다 허당이지. (웃음) 톱니바퀴예요. 공기 중에 소리의 길을 내고 높낮이를 타야 하니까. 연습이 부족하면 무대에 같이 서 있어도 다른 시간에 있는 사람 같거든.

"내가 가진 최선을 다해서 순간을 쌓으면 그게 내 역사가 되는 거야. 좋지."

최근엔 젊은 시절보다 더 왕성하게 활동하십니다. 예
능, 드라마, 영화, 연극까지 장르를 불문해서요. 사랑
받는 비결이 뭐라고 생각하세요?

몰라. 개런티가 싼 모양이야. (웃음) 얼마 전엔 추석 특집극 〈옥
란면옥〉도 했고, 어제도 새벽 3시까지 허진호 감독 영화 〈천문〉
을 찍었어요. 세종과 장영실 사이를 잇는 황희 정승 역이에요.
최근엔 다큐멘터리도 찍자고 해서 그건 거절했어요. 지방 공연
도 다녀야 하는데 시간도 부족하고. 무엇보다 더 욕심 사나워지
면 안 되겠다 싶었지, 허허.

여하튼 계속 미디어의 조명 아래 있다는 건 특별한 매
력이 있다는 거지요.

(바람 빠지듯 피식 웃으며) 술을 좋아해서 그런가? 돌아보면 나
는 그동안 이렇다 할 히트작도 없었어요. 이순재 씨는 청춘 영
화도 많이 찍었는데, 나는 맨날 아저씨, 아버지, 농민 아니면 빈
민이었어요. 멜로드라마 주인공도 한번도 못 해 봤지. 못 해 봐
서 부럽진 않아요. 그저 신통할 뿐이지. 내가 한 아저씨와 아버
지는 특성이 있었고, 그걸 세밀하게 살리려고 매번 노력했어요.

그는 26세 때 연극 〈소〉에서 처음으로 아버지 역을 맡으며 데뷔했다.
특별히 2002년 드라마 〈네 멋대로 해라〉의 복수(양동근) 아버지 역은

시청자들의 가슴에 잊지 못할 명장면을 남겼다.

> 연극 〈장수상회〉에서는 로맨스를 연기하셨어요. 여
> 든두 살에, 기억을 잃어 가는 노인을 연기하는 기분이
> 남다르실 듯합니다.

그렇지요. 치매에 걸린 건 아니지만 접근해 오는 것 같은 그런
느낌이 있거든. 방금 만났던 사람이 돌아서서 기억 안 나면 '혹
시 내가?' 하는 의심이 들어요. 어쩌면 그래서 연극 대사를 더
열심히 외울지도 모르지. 아무래도 도움이 되지 않겠어요?

> 젊은 시절 하면 어떤 모습이 떠오릅니까? 고생을 많이
> 해서 웬만한 어려움은 이겨 낼 수 있다고 하셨어요.

(소주 한 잔 털어 넣으며) 참 가난했어요. 가난해서 내 누이들은
학교를 제대로 못 갔고, 나만 경기중학교에 갔어요. 내 부모님
들이 문맹이셨거든. 그 양반들이 외아들인 나를 어떻게든 교육
해 보겠다고 애 많이 쓰셨지. 그런데 중학교 입학하면서 전쟁이
나서 학교는 입학할 때랑 졸업할 때만 가 봤지. 천막 치고 공부
하고, 말도 못 하게 고생을 했어요. 난 그래서 지금도 웬만한 건
다 참을 수 있어요. 인내와 성실을 그때 배웠지.

연기자의 덕목도 다르지 않다고 했다.

최고의 연기자는 최고의 성실을 가진 자예요. 재능은 큰 차이가 없어. 시간이 지나면 성실하게 노력한 사람이 남아요. 재능이 부족한 건 노력으로 극복할 수 있거든. 반면 재능 믿고 까불다가 사라진 사람들을 나는 숱하게 봤어요.

부모님은 어떤 분이었지요?

말했듯이 문맹이셨어요. 어머니는 살림하시고 아버지는 왕십리 중앙시장에서 야채 장사를 하셨지. 번듯한 것도 아니고 그저 좌판 까는 정도였어. 그 노인네가 이북 출신도 아닌데 냉면을 좋아해서 나를 가끔 냉면집에 데리고 갔어요. 그게 안 잊히네. 지금도 나는 냉면을 '세게' 먹거든. (이를 드러내고 함빡 웃으며) 냉면에 소주 한잔하면 세상 부러울 게 없어.

온화한 입 너머로 술도 술술 들어가고 술의 힘을 빌려 말도 술술 나왔다. 그 흐름 속에도 간간이 미소가 샘물처럼 솟았다.

그는 경기중학교와 경기고등학교를 나왔다. 서울대 상대에 진학하려다 두 번 실패 후 성균관대에 들어갔다. 한때 아나운서에 뜻을 두고 교육원을 다녔지만 "남이 써 준 원고 읽느니 배우 하는 게 낫겠다"는 생각으로 연극인 유치진이 세운 남산 드라마센터에 연극 아카데미 1기로 들어갔다.

서울대 상대에 진학하려고 했던 건 다른 꿈이 있어서
였나요?

돈을 벌고 싶어서였죠. 이 길을 선택한 데 후회는 없어요. 유치
진 선생이 세운 학교 커리큘럼이 훌륭해서 동서양 연극사와 무
용까지 다 배웠거든. 내가 결정한 일이니 열심히 했어요. 그런데
살다 보니 아버지로서는 낙제예요. 오로지 일이 우선이었거든.

연기는 자신의 육체와 감정을 쓰는 일이라 살아온 인
생과 인성이 배어납니다. 선생의 연기를 보면 약간의
체념과 화, 그리고 무심한 엇박자 유머가 보입니다.
실제 성격도 그러신지요?

(웃으며) 메이비. 그런 면이 내재해 있죠. 생뚱맞게 창조할 수는
없는 노릇이거든. 집사람한테 소리 지르고 그럴 때가 종종 있어
요. 알고 보면 내 성격이 참 치사해. 여기 있는 이런 사람들한텐
못 하지. 만만한 할망구한테만 화를 내는 거야. 집사람이 싫어
하니 이젠 소리를 낮춰야지. 나이 들수록 아름다운 관계를 만들
어야 하니까.

유머 감각은 타고나셨어요?

웃기는 거? 허허. 웃음이란 것도 반 호흡 차이예요. 반 호흡 미
리 치느냐, 뒤로 가느냐의 차이거든. 내가 해도 안 웃길 때가 있

최고의 연기자는
최고의 성실을 가진 자예요.
재능은 큰 차이가 없어.

어. 핵심은 호흡이에요.

시트콤의 대가 김병욱 감독은 그를 "웃기려는 의도를 감출 줄 아는 진짜 선수"라고 평했다. 영화 〈반칙왕〉을 함께했던 배우 송강호는 신구를 존경하는 배우 1순위로 꼽았다. "컷 사인이 떨어지기 전에는 웃으시는 법 없이 진지하셨다. 역할과 상황을 완전히 자기화할 줄 아신다."

뭐니 뭐니 해도 선생의 유머 중 최고는 2002년에 대히트한 '니들이 게맛을 알아?' 광고였어요.
그게 처음엔 안 하려고 하다가 다들 원해서 한번 해 봤지. 롯데리아 광고였는데, 콘티도 카피도 아주 절묘했어요. 《노인과 바다》 콘셉트였거든. 망망대해에서 만선으로 시끌벅적한 큰 배의 선원들이 쪽배에 탄 늙은이를 비웃는 거야. 게 한 마리 들고 유유자적하니 우습겠지. "니들이 게맛을 알아?" 이 말엔 인생의 여러 가지 의미가 있어요.

달관한 노인의 여유와 아이의 천진함이 동시에 느껴졌습니다. 특별히 선생이 했기에 말맛이 더 달았지요.
그런데 그때 그 게살이 들어간 버거는 잘 안 됐대. (웃음) 버거는 안 먹고 광고만 본 거야. 그래도 카피는 살아서 계속 변주가 되더라고.

시트콤이나 예능에서도 존재감이 드러나는 건 선생이 그 은근한 '게맛'을 다양하게 변주하기 때문일 테고요. 시트콤에선 잘 토라지는 철없는 노인이었는데, 예능에선 또 부드러운 '구야형', '구알바'로 열일을 하셨지요.

시트콤은 김병욱 감독의 〈웬만하면 그들을 막을 수 없다〉를 한 번 했어요. 그이가 〈순풍산부인과〉나 〈지붕 뚫고 하이킥〉 같은 좋은 걸 많이 했지. 요즘엔 잘 보이지 않더구먼. 나는 시트콤도 특별히 다른 연기라고 생각하지 않았어요. 배우라면 경계 없이 들락거려야 하거든. 예능은 반대로 좀 대책 없이 참여를 하는 편이에요.

tvN의 〈꽃보다 할배〉나 〈윤식당〉에서 보면 습자지 같은 투명한 표정에 웃는 모습만 봐도 힐링이 되더군요.

그래요? 허허. 내가 평소에도 말이 많지 않아. 좀 어눌하죠. 지금처럼 소주 한잔 들어가야 말이 술술 나와요. 비겁한 성격이지. 관찰 예능도 사실 일상이 그대로 드러나는 장르여서 난 익숙지 않아요. 다만 부담은 안 느껴. 〈꽃할배〉도 다섯 명이 나왔는데, 내가 특별히 더 주접을 떨지도 않잖아. (웃음) 〈윤식당〉은 최근엔 좀 마음이 아팠어요. 촬영했던 롬복이란 섬이 지진이 났더라고. 내가 아직 죽을 때는 아닌가 싶기도 하고, 허허.

살면서 크게 절망한 적은 없으세요?

1년 정도 작품이 없는 기간이 있었어요. 난 몰랐는데 집사람이 그러더라고. 돈이 안 들어왔다고. 돈 봉투 꼬박꼬박 갖다줬거든. 연극이 어려워서 TV로 옮겨 가던 시절이었을 거야. 돌아보면 난 행운아였어요. 성실하게 일했고 일이 끊긴 적이 없었거든.

문득, 남을 위해 크게 무언가를 해 본 적이 없다며 부끄러워했다. 일찌기 영화계 안팎에서 로렌스 올리비에나 숀 코네리처럼 "영국 같으면 진작에 기사 작위를 받았을 배우"로 꼽히던 그가. 그 말을 꺼냈더니 작위는 무슨 작위냐고 손사래를 쳤다. 만약 그런 전통이 있었더라면 일본 강점기부터 했던 분들, 고인이 된 분들부터 먼저 예우해야 한다고.

좋아하는 배우는 있으세요?

말론 브란도를 좋아했어요. 〈욕망이라는 이름의 전차〉 같은 작품이 훌륭했지요.

선생도 한석규 씨와 출연했던 영화 〈8월의 크리스마스〉나 송강호 씨와 나왔던 영화 〈반칙왕〉에서 잊지 못할 부자지간의 한 장면을 보여 주셨어요. 죽기 전에 비디오 사용법을 가르쳐 주던 아들, 밤마다 가면 쓰고 뛰어다니는 아들…… 그 슬픔과 돌발의 에너지에 차

분하게 응대하면서요.

그게 허진호 감독이나 김지운 감독이 작품을 잘 써서 그렇지. 내가 표현할 수 있도록. 내가 출연한 전체 작품이 다 기억에 남진 않아요. 하지만 그런 장르에 내가 쪼끄만 토막이라도 기여를 했다면 고맙지.

크게 소리내 자랑할 일이 아니라는 듯, 그가 말을 끊고 내 잔에 술을 따랐다. 자기 삶을, 일을, 다 껴안아 본 자의 본질적 충만이 느껴졌다. 앞으로도 자만하거나 자책할 시간은 없다는 듯.

배우로 사는 게 그렇게 즐거우세요?

즐겁냐구? 개똥 같아.

개똥 같다니요?

연금도 없잖아, 하하. 그런데 연금만 없나. 상사도 없어. 내 맘대로 해도 되니 얼마나 좋아. 이래라저래라 지시하는 놈 없이 우리끼리 합을 맞추고 상의하니 얼마나 좋냐고. 내가 대단히 도움 주는 일을 한 적도 없는데 사랑받으니 또 얼마나 고마워. 할망구하고 먹고살게 해 줘서 고맙고. 개런티 받으면 또 즐거워.

언제 가장 행복하셨어요?

지금. 매번 지금이 행복해. 지금이 제일 좋다구. 나이 들수록 더 그래. 이 순간에 집중해서 살려고 해요. 내가 가진 최선을 다해서 순간을 쌓으면 그게 내 역사가 되는 거야. 좋지. 돈이 있다고 여유가 있다고 되는 게 아니에요. 그렇게 생각하려고 노력하는 거지.

길에 구르는 개똥같이 행복하다고 그가 다시 한번 크게 웃었다. 인터뷰를 마치고 거리로 나가니 그 주위로 연극하는 젊은 후배들이 "선생님, 선생님!" 하며 하나둘씩 몰려들었다. 그의 옷자락이라도 잡으면 생의 기쁨과 지혜가 내게 올까 하여. 자정 즈음, 대학로 밤거리는 인적 없이 어두운데 신구 주위엔 따뜻한 빛과 소리가 오래도록 너울거렸다.

2018년 10월

인생은 내가 주인공인
로맨스 소설을
쓰는 일이에요

디자이너 알레산드로 멘디니

뿔테 안경 속에 빛나는 눈, 유난히 큰 코가 인상적인 알레산드로 멘디니Alessandro Mendini. 처음 얼굴을 마주하면 미국의 시니컬한 영화감독 우디 앨런이 떠오른다.

하지만 대화를 나눌수록 우디 앨런보다는 영화 <인생은 아름다워>를 만든 이탈리아 영화감독 로베르토 베니니에 가깝다는 생각이 들었다.

'현대판 레오나르도 다빈치', '이탈리아가 낳은 디자인계의 거장' 등 알레산드로 멘디니를 수식하는 말은 많지만, 어린 시절 전쟁(2차 세계대전)을 겪고 동심과 유토피아를 꿈꾸며 일해 왔던 이 노인은 평생을 <인생은 아름다워>의 낙천주의자 아버지 '귀도'와 같은 마음으로 살았는지 모른다. 매일이 전쟁 같은 우리에게 따뜻하고 시적인 디자인을 선물처럼 내놓으며.

그가 디자인한 알레시의 와인오프너 '안나G'는 기지개를 켜는 단발머리 여자아이를 본뜬 단순한 모양이다. 여자아이가 두 팔을 들어 올렸다 내리는 그 반복적이고 간결한 몸동작은 '퐁' 하고 와인 코르크가 경쾌하게 솟아오를 때, 우리를 안도하게 한다. 안나G는 전 세계에서 1분에 한 개씩 팔리고 있는 디자인계의 베스트 히트 상품이다.

바로크 양식에 색점을 찍은 그 유명한 프루스트 의자는

어떤가. 고가구에 색색의 점을 찍는 것만으로, 이미 낡아
버린 이 세계의 육중한 문이 다시 열렸다. 프루스트의
소설 제목인 '잃어버린 시간을 찾아서'라는 낭만적인
부추김까지 떠올리면 당장에라도 이 '앨리스의 낙원'에
몸을 파묻고 싶지 않던가.

멘디니는 테이블 위에 주름진 두 손을 가지런히 모으고
눈을 빛내며 말했다. "인생은 로맨스 소설이에요"라고.
간간이 "난 제정신이 아니에요" 휘파람 불듯 속삭이며.
행복감보다 더 전염성이 강한 것은 없어서, 녹색
스웨터를 입고 시 낭송하듯 말하는 그를 보고 있자니,
나도 모르게 "인생은 아름다워"라고 고백할 것만 같았다.
멘디니는 58세에 처음으로 자신의 아틀리에를 열었고,
노익장이라는 말이 무색하게 27년간 디자인, 건축,
가구, 도자기, 조명, 페인팅, 주방용품 등의 분야에서
어마어마한 양의 작품과 협업을 이끌었다.

행복해 보입니다.

저는 일하는 걸 아주 좋아해요. 하지만 일하는 게 행복한 것만
은 아니죠. 힘들고 외롭고 인내해야 하고 원하지 않는 길도 가
야 해요. 제게 '행복할 때'라는 말은 존재하지 않아요. 85년을
살았지만, 늘 긴장 속에 삽니다.

2015년 10월, 멘디니는 동대문 DDP에서 〈디자인으로 쓴 시〉라는 제
목으로 동아시아 최대 규모의 전시회를 열었다. 당시 전시장엔 부모
손을 잡고 온 꼬마 아이들이 디즈니랜드에 온 것처럼 흥분해서 프루
스트 의자 사이를 말처럼 뛰어다녔다.

어린 시절은 어떻게 보냈나요?

저는 유년에 전쟁을 겪었어요. 머리 위에서 폭탄이 터지는 일도
있었지요. 늘 공포와 두려움이 함께했어요. 굶주림도 심했죠.
아버지가 먹을 것을 구하러 100킬로미터가 넘는 먼 길을 다녀
오시곤 했는데, 그 길에 독일 병사들이 숨어서 총을 쏘곤 했어
요. 견디기 어려운 공포였어요.

그 때문에 저는 내향적인 성격이 됐어요. 남들과 잘 어울리지 못
하고 나만의 유토피아를 그려 보길 좋아했지요. 대학은 서른이
돼서야 졸업했어요. 저는 대학에 남아 그림을 계속 그리고 싶었
어요. 대학을 졸업한 건 순전히 어머니를 기쁘게 해드리기 위해

서였어요. 다행히 글을 잘 써서 잡지사에 취직했고 1년 반 만에 편집장이 됐죠.

58세에 '아틀리에 멘디니'를 창업하고 늦깎이 디자이너로 데뷔했어요. 한국에서 58세면 직장에서 은퇴할 나이지요.

이탈리아도 그런 경우가 많아요. 하지만 일은 나이가 들어야 제대로 할 수 있어요. (웃음) 건축가들도 훌륭한 작품을 한 것은 70세 이후예요. 그럴 수밖에 없지 않겠어요? 모든 일엔 경험과 지혜가 필요해요. 필립 존슨(유리 건물 양식을 처음 만든 미국의 건축가)도 좋은 작품은 75세 즈음에 했어요.

저도 그전까지는 본격적인 디자인과 건축을 준비하는 단계였죠. 〈카사벨라CASAbella〉, 〈모도MODO〉, 〈도무스domus〉 등의 디자인 건축 잡지사에서 일하고, 기능적인 것에만 집중하는 바우하우스 디자인에 반대하는 운동도 했어요. 58세에 아틀리에 멘디니를 연 이유는 그때부터 프로젝트가 들어왔기 때문이에요.

첫 고객은 누구였지요?

알레시의 로베르토 알레시 회장이었어요. 자신의 집을 지어 달라더군요. 처음엔 당황스러워서 '멘붕' 상태가 됐어요. 그래서 동생에게 도움을 요청했고, 동생이 자신의 건축 사무소를 접고 저와 함께 일하게 됐어요. 아틀리에 멘디니의 시작이었죠.

첫 고객은 알레시였지만, 첫 작품은 그로닝거 미술관인 걸로 압니다. 언뜻 뒤죽박죽처럼 보이지만 볼수록 아름답고 기능적으로도 최적화된 디자인이에요.

그로닝거 미술관은 현대미술을 다루기 때문에 그런 양식을 취해야 한다고 생각했어요. 내가 기획했지만, 몇몇 건축가들을 불러 모아서 협업했지요. 말했듯이 58세 이전에 건축잡지 편집장을 했기 때문에 나로서는 그런 공동작업이 매우 쉬운 일이었어요. 그 이후로 많은 일이 몰려들더군요.

네덜란드 그로닝겐에 있는 그로닝거 미술관은 멘디니의 첫 건축 작품으로 죽기 전에 꼭 가 봐야 할 건축물로 꼽힌다.

듣자 하니, 그로닝거 미술관이 잇따른 행운을 물고 왔다고요. 20세기 최고의 디자인 히트 상품이 된 알레시의 와인오프너 안나G 말입니다.

안나G는 본격적인 디자인 상품이 아니었어요. 그로닝거 미술관을 오픈할 때 기자들에게 선물할 요량으로 몇 개 만들어 본 거예요. 굉장히 빨리 스케치했죠. 세밀한 디자인도 없이 정말 대충 스케치했어요. 발레리나 친구가 기지개를 켜는 모양으로,

아주 단순하잖아요. 300개 정도 만들어서 참석한 기자들에게 열쇠고리 대신 나눠 줬죠.

그런데 안나G가 사람의 마음을 움직였어요. 제품이 마음과 접촉한 거죠. 다들 너무 좋아해서 카탈로그에도 실리고, 모델이 된 발레리나 친구에게 이름을 사용해도 좋다는 허락도 받았죠. 그게 내 대표 작품이 될 줄이야. (웃음)

바로크 양식의 의자에 색색깔 점을 찍어 만든 프루스트 의자는 프루스트의 소설 《잃어버린 시간을 찾아서》에서 영감을 받았나요?

프루스트 의자도 마찬가지예요. 우연히 나왔죠. 저는 세잔, 고흐, 폴 시냑 등 점묘법의 화가를 참 좋아해요. 그래서 어느 날 클래식한 의자에 점을 찍어 보기로 했어요. 오래된 낭만적인 그림 같은 디자인을 해 보고 싶었어요. (잠시 침묵하다) 저는 모든 사람의 인생은 로맨스 소설 같다는 생각을 해요.

로맨스 소설이라니요?

모든 사람은 누가 읽지 않더라도 자기 자서전을 써 봐야 해요. 자기가 주인공인 로맨스 소설 말이지요. 그러면 자신이 소중하다는 걸 알게 돼요. 프루스트라는 작가도 마찬가지예요. 계속해서 자신의 자서전을 썼던 거죠. 어느 날 제가 그것을 읽고 영

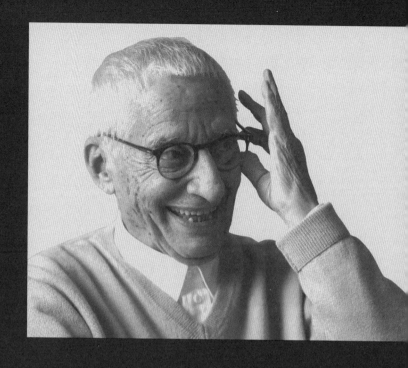

"드러나지 않은 대부분의 일이 쓰라린 실패였어요. 잘못된 것이
계속해서 돌고 도는데, 그중 하나가 딱 떨어져서 히트를 하는 거죠."

사진© 박상훈

감을 받아 의자를 만든 것이고요. 기막힌 우연인데, 프루스트와 화가 폴 시냑은 동시대 파리라는 같은 공간에서 살았어요.

문득 이런 의문도 들었어요. 프루스트와 시냑을 하나의 의자에서 만나게 한 것이 정당한 디자인인가? 안락의자도, 시냑의 그림도 원래 있었던 것이니 혹시 내가 그걸 훔친 건 아닌가? 이런 접목을 산업디자인이라고 해야 하나, 예술이라고 해야 하나? 그런데 그 질문에 응답할 필요가 없어졌어요. 프루스트 의자도 안나G처럼 혼자서 날개를 달고 날아갔거든요.

1978년에 나온 오리지널 프루스트 의자는 한 유명 패션 디자이너가 사들여서, 나중에 아주 비싼 값으로 되팔았다고 들었어요. 그 이후로 다들 프루스트 의자를 카피하기 시작했죠. 전 그것도 몰랐답니다. 따져 보면 내가 만든 프루스트 의자는 70~80개 정도예요. 오리지널 제작 이후 한참이 지나서 아틀리에 멘디니에서 제작한 것들이죠.

그 이후 모자이크, 세라믹, 금도금 등 다양한 프루스트 의자가 나왔어요. 처음엔 고가의 제품이었는데, 마지스magis라는 이탈리아 플라스틱 회사에서 3D로 생산해 내면서 저렴하게 팔게 되었어요. 재미있는 건 몇몇 작가가 마지스에서 구매한 프루스트 의자에 다시 색이나 장치를 덧입혀서 작품으로 재생산하고 있다는 거예요. 그렇게 디자인이 다시 디자인되면서 순환을 거듭하는 거죠. 자, 얼마나 로맨틱한 소설입니까?

멘디니는 자신이 아무것도 안 하고 프루스트 의자만 만들어도 된다며 웃었다. 문제는 그의 디자인 영감이 여러 물줄기로 끊이지 않고 샘솟는다는 것.

그는 필립스, 스와치, 까르띠에, 에르메스 등 수많은 기업과 일했지만, 유독 한국과 인연이 많았다. 한샘, 삼성전자, 엘지전자, 한국도자기, 한스킨, SPC 등등. 가장 최근엔 인천 영종도의 파라다이스시티 건축물에 한국의 조각보를 응용한 외벽 디자인을 했다. 건물 앞에는 가로세로 각 4.5미터의 초대형 프루스트 의자 조형물이 세워졌다.

한국과의 인연은 어떻게 시작됐나요?

제가 한국을 알게 된 건 15년 전이에요. 건축 공모전의 심사위원으로 초빙되면서 인연이 됐어요. 덕분에 동양의 건축물을 알게 됐죠. 한국과 이탈리아는 비슷한 부분이 많습니다.

두 나라 다 피가 뜨겁고 컬러풀하죠?

한국인이나 이탈리아인이나 다 제정신이 아니에요. (웃음)

삼성, 엘지와도 협업했는데, 그들이 만든 디지털기기는 써 보셨나요?

(파안대소하며) 나는 아직 작동법을 못 배웠어요. 나는 매우 아날로그적인 사람이에요. 컴퓨터나 스마트폰도 아주 기초적인

것만 쓸 줄 알죠. 카메라도 한번도 사용해 본 적이 없답니다. 이 메일 관리도 비서가 다 해서, 애인이 생겨서 연락하려면 손편지를 보내야 할 거예요. (웃음)

멘디니는 한 손에는 최첨단 휴대폰을 들고, 다른 한 손에는 글이 새겨진 돌판을 들고 있는 모습이, 그가 생각하는 가장 현대적인 모습이라고 했다. 기능적인 디지털 시대로 갈수록 기업은 판타지와 직접 접촉, 이 두 가지를 만들어 내는 데 몰두해야 한다고.

첨단기기를 다루지 못하면서 전 세계 유수 기업과 연결이 되어 있다는 게 놀랍군요. 협업 제안을 받으면 어떤 부분을 가장 중요하게 생각합니까?

첫째, 저에 대한 호감도가 있는가. 둘째, 서로 존중하는 자세가 되어 있는가. 셋째, 내가 할 수 있는 일인가. 저는 생각보다 문턱이 높지 않습니다. (웃음) 항상 열려 있어요. 어떤 디자이너들은 기업과의 협업을 마치 정복의 깃발을 꽂는 것처럼 생각하는데, 저는 그런 전쟁 정신을 혐오합니다. 제 작업은 좋은 에너지와 행복감을 주는 것입니다.

건축 잡지에서 편집장으로 일하면서 많은 스타 건축가를 발굴하기도 했습니다. 그 시절의 경험이 당신

삶에도 많은 영향을 미쳤겠지요?

저는 인재를 발굴하기 위해 항상 리서치를 했어요. 덕분에 자하 하디드, 프랭크 게리, 필립 스탁 등 소중한 예술가들을 발굴했죠. 그들은 성공할 만한 충분한 잠재력이 있었고, 저는 그들의 혁신성을 간파한 것뿐이에요. 하디드를 처음 잡지 표지로 내보냈을 때가 생각나네요. 그녀는 몸집이 좀 큰 젊은 여자 건축가였어요. 필립 스탁도 여드름이 많이 난 청년이었고요.

기억나는 일화가 있습니까?

필립 스탁이 알레시에 자신이 디자인한 오렌지 과즙 짜개(주시 살리프) 디자인을 보냈는데, 알베르토 알레시 회장이 그걸 깜빡 잊고 책상 서랍에 3년간 넣어두었다는군요. (웃음)

손자를 위해 디자인했다는 조명등 아물레또amuleto '수호물'이라는 뜻는 미니멀한 조형이 참 아름다워요. 연결된 세 개의 원에서 기독교의 삼위일체가 떠오르기도 합니다. 80세에 만들었다고는 믿기지 않을 만큼 젊은 디자인이라는 생각이 드는데요.

(빙그레 웃으며) 그냥 젊은 디자인이 아니라 제정신이 아닌 디자인이죠. 어찌 보면 아이가 디자인한 것 같기도 하고, 장애가 있는 사람이 디자인한 것 같기도 하죠. 하지만 유심히 보면 전

문가가 디자인했다는 걸 알 수 있어요.

나는 모든 길을 한길로 가기보다 여러 방향으로 가 보려고 했어요. 왜냐하면, 할 일이 너무 많거든요. (웃음) 그렇게 여러 길을 가다가 영감이 떠오르지요. 이리저리 파헤치다 보면 방법도 생기고요. 세 개의 원은 손자와 해와 달과 땅(지구) 얘기를 나누다 그려 본 거예요.

기하학적인 황금비례가 돋보이는 아물레또로 그는 국제 디자인상인 황금컴퍼스상을 수상했다.

　　다빈치의 인체비례도가 생각납니다. 디자이너들은 선생을 현대판 레오나르도 다빈치라고 부르더군요.

쉿! 다빈치 선생이 들으면 큰일 날 말이에요. (웃음) 다빈치 선생을 욕 보이느니, 차라리 저를 월트 디즈니라고 불러 주세요. 사실 저는 그 편이 훨씬 좋습니다. 그리고 요즘엔 디즈니가 더 힘이 세지 않나요?

　　꽤나 상업적인 생각인데요. (웃음) 사실 선생은 젊은 시절 기능적이고 상업적인 디자인을 거부했지만, 지금은 가장 상업적인 디자인을 하고 있어요.

그것은 비단 저에게만 적용된 모순은 아니에요. 당시의 건축가들은 다 나 같은 변화를 겪었지요. 다만 상업적으로 또는 산업적으로 의도하지 않았지만, 오히려 아름다움에 대한 순수한 열망이 시대의 흐름을 탔다는 게 맞지요. 알레시 같은 경우가 그래요. 알레시는 이탈리아의 전통적인 스테인리스 회사일 뿐이었어요. 제가 디자인 고문으로 있으면서 세계적으로 인정을 받게 됐어요. 당시에 저는 그저 소통을 위한 재미있는 제품을 만들었을 뿐인데요.

여전히 독일 바우하우스의 최소의 디자인에 반대하시나요?

기능성과 예술성의 핑퐁은 여전히 계속되고 있지요. 포스트모더니즘은 이미 끝난 이야기예요. 디자인에도 부채처럼 다양한 길이 있어요. 과거를 돌아보세요. 전통과 추억과 역사는 귀중합니다. 저는 학생들에게 파르테논 신전을 다녀오지 않고 디자인을 해서는 안 된다고 하지요.

합리적인 기능주의에 기반한 독일 디자인의 반대편에 역동적인 아름다움을 추구하는 멘디니의 이탈리아 디자인이 있다.

자신의 역작 세 개를 꼽아 주시겠어요?

첫 번째는 그로닝거 미술관, 두 번째는 처음 만들었던 프루스트

더 나은 삶,
더 나은 세계를 위해
형태를 부여하는 사람,
그게 나의 정체성입니다.

의자, 그 의자는 시간이 오래 지나 색도 멋지게 바랬어요. 세 번째는 역시나 와인오프너 안나G예요.

쓰라린 실패의 기억도 있겠지요?

드러나지 않은 대부분의 일이 쓰라린 실패였어요. 겉으로는 성공한 디자이너처럼 보이지만, 제가 볼 땐 제대로 된 일이 거의 없었어요. 영어로는 에러error, 이탈리아어로는 에어레erróre인데, 이것을 변형하면 에라레errare예요. '떠돌아 다니다, 잘못 알다'라는 뜻이죠. 잘못된 것이 계속해서 돌고 도는데, 그중 하나가 딱 떨어져서 히트를 하는 거죠.

수많은 실패가 돌고 돌다 하나가 맞아 떨어지는 셈이라면, 멘디니의 성공 요인은 첫째, 기회가 계속 열려 있도록 융통성 있는 사람이 된 것, 둘째, 실패를 대수롭지 않게 여긴 것 정도가 되겠군요.

맞습니다. 더불어 나이가 들수록 저는 사회적으로 우리에게 필요한 것이 무엇인가 고민하면서 디자인을 해야 한다고 생각해요.

말씀하신 사회적 디자인은 요즘 디자인계의 이슈예요. 이케아도 유럽 난민을 위한 대피소를 만들었고, 런던에서는 공유 건물들이 생기고 있어요.

이케아 같은 회사가 그런 생각을 한다는 건 고무적이에요. 세계적인 규모에 저렴한 물건을 팔기 때문이죠. 하지만 판매를 위해 너무 거친 제품을 생산하는 것은 찬성하지 않아요.

가족 단위 주택이 아닌 공유 생활을 위한 건물은 진지하게 생각해 봐야 해요. 거실과 부엌을 함께 쓰면서 사회적으로 교류할 수 있다는 건 좋은 아이디어거든요.

한때 건축은 서로 경쟁하며 튀려고 이상한 형태로 진화한 적이 있어요. 이젠 패러다임이 달라졌어요. 모든 걸 환경적으로 재검토해야 하죠. 자재도 환경을 파괴하지 않는 친환경 용품으로 대체해야 하고요. 현재로서는 브라질이나 핀란드 같은 나라가 잘하고 있어요.

한국에선 북유럽식 라이프스타일이 인기입니다.

핀란드 사람들은 정말 미니멀한 집과 라이프를 원해요. 한국인들도 그런가요? 본인의 주거 방식을 정확하게 아는 게 우선이죠. 그걸 잘 모르고 섣불리 따라 했다가는 예상치 못하게 우울한 집에서 살게 될지도 모릅니다.

후대에 어떻게 불리길 원합니까?

(빙그레 미소 지으며) 저는 그저 '멘디니 저 사람 머리가 좀 이상하다, 생각하는 게 좀 이상하다'라고 해 주면 그걸로 족해요.

저는 사실 늘 제가 뭘 할지를 몰랐어요. 젊은 시절에도 서른 살까지 뭘 할지 몰랐죠. 지금도 딸들이 뭘 할 거냐고 물으면 대답을 잘 못합니다. 너무 많은 프로젝트를 진행하고 있거든요. 다시 태어난다면 전 화가로 태어나고 싶어요. 화가는 한길만 갈 수 있을 테니까요.

당신이 그토록 염원하는 유토피아의 세계는 이룰 수 없기에 더 간절한 것이었나요?

그렇습니다. 공중에 붕 떠 있는 성처럼, 바다 밑 정원처럼 도달하기 힘든 곳이에요. 유토피아를 간직한 아름다움의 세계⋯⋯ 그걸 떠올리면 총을 맞은 기분입니다. 도달할 수 없는데, 그걸 알면서도 정진하는 것. 그 자세를 유지하려면 또 지나치게 그걸 좇아서도 안 됩니다.

좀 더 쉽게 설명해 주시지요.

쉽게 말하면 다른 사람들이 나보다 훨씬 유능하다는 걸 깨달아야 해요. 왜냐하면, 내가 잘났다고 생각하면, 성장이 멈춰요. 그러면 내가 그토록 원하던 유토피아에도 도달할 수 없겠지요.

손에 주름이 많으십니다. 왜 여전히 손으로 직접 그리나요?

저는 보통 A4 사이즈에 스케치를 해요. 그보다 더 큰 종이를 선택하지 않았으니 얼마나 다행이에요. A4 사이즈에 직접 그리면 내 눈으로 전체를 볼 수 있어요. 제가 디자인한 모든 제품이 다 이 안에서 나왔지요.

디자이너는 어떤 존재인가요?

더 나은 삶, 더 나은 세계를 위해 형태를 부여하는 사람.

알베르토 알레시 회장은 그에 대해 "디자인 분야의 모든 미스터리를 계속 알려 준 소크라테스이자 실천의 달인"이라고 했다. 그가 르네상스 인간인 레오나르도 다빈치와 닮은 점이 있다면 수많은 클라이언트와 경계 없이 분투하며 성실하게 일했다는 것이다. 다른 점은 그가 산업디자인계에서 이룬 업적의 대부분은 의도적인 것이 아니라 우연히 자연스럽게 나왔다는 것. 그리하여 멘디니는 여전히 장수하며 우리 옆에서 '인생은 아름다워'라는 응원가를 부르고 있다는 것.

2016년 10월

—

오래도록 장수하며 우리 옆에서 '인생은 아름다워'라는 응원가를 불러 줄 줄 알았던 알레산드로 멘디니는 2019년 2월 18일 세상을 떠났다. 세기의 큰 별이 진 것이다. 전 지구적으로 추모의 물결이 이어졌다. 공교롭게도 다음 날 또 한 명의 디자인 거장이었던 칼 라거펠트도 운명을 달리했다. 두 천재 덕에 20세기와 21세기에 걸쳐 이 지구의 패션 디자인과 산업디자인은 놀랄 만큼 스펙터클해졌다. 그들은 80년이 넘는 세월 동안 다른 듯 비슷한 삶을 살았다. 늦은 나이에 새 임무를 맡았고 죽기 직전까지 일했다. 라거펠트는 50세인 1983년에 샤넬 하우스의 아트디렉터가 되었다. 그후 36년간 샤넬을 혁신적인 동시대의 하이패션으로 진화시켰다. 멘디니는 아틀리에 멘디니를 58세에 창업했다. 그들을 보면 오십은 무언가를 다시 시작하기에 얼마나 젊은 나이인가!

나를 위해 그렸을 뿐인데
수십만 명이 웃어 주네요

그림책 작가 요시타케 신스케

왕파리와 편집증 환자만 상대하다 책에 환멸을 느낀
조지 오웰의 〈서점의 추억〉과는 정반대의 서점이
있다. 세계적인 그림책 작가 요시타케 신스케吉竹伸介의
《있으려나 서점》. 그곳을 방문한다면 세상의 모든 책이,
서점이, 작가들이 달라 보일 것이다. '있으려나 서점'엔
"있다마다요" 하면서 책을 꺼내 주는 변두리의 싹싹한
민머리 서점 주인과 달빛 아래서만 볼 수 있는 책, 기침하는
책, 뛰어다니는 책, 수중 도서관, 서점 결혼식 등 엉뚱하고
귀여운 책들이 가득하다. 가장 짠한 챕터는 〈베스트셀러가
되길 바랐던 책〉이다. 서점 주인, 편집자, 출판사 사장,
작가 지망생…… 그들은 미안한 기색과 아련한 눈빛으로
차마 꺼내지 못한 말을 복화술로 주고받는다. '미안해요.
베스트셀러를 터뜨리지 못해서.' '아직은 모르지. 우연히 운
좋게 베스트셀러가 될지도.'
전 세계에 그림책 돌풍을 일으키고 있는 희한한 상상력의
대가, 요시타케 신스케를 만났다. 사무라이처럼 다부진
체격에 섬세한 쌍꺼풀에, 혼이 날지 칭찬을 받을지 어쩔
줄 모르는 아이처럼, 인터뷰 처음부터 끝까지 두 손을
무릎 위에 공손히 얹은 그였다. 비관적인 코미디언이나
지나치게 진지한 아이를 보는 것 같았다.

짐짓 태연한 척해도 모두 맘속으론 '운 좋게 언젠가는 베스트셀러가 될 수 있을지도 몰라'라는 희망을 놓지 않더군요. 《있으려나 서점》에 등장하는 출판계 사람들 말입니다.

15년 전 제가 그랬죠. 서른 살에 일러스트집을 냈는데 전혀 안 팔렸어요. 그래도 혹시나 하는 미련이 계속 남았어요. 책을 쓰고 만드는 사람들은 누구나 '이번엔 잘 팔릴 거야' 희망을 품어요.

어쩌면 그 미련하고 아련한 희망이 이토록 '가성비' 없는 출판 사업이 지속되도록 만드는 신비겠지요.

맞습니다. 99퍼센트의 책이 독자 눈에 닿지도 못하고 사라지더라도 어쩌겠어요? 세상엔 두 종류의 책만 있는 걸. 베스트셀러가 된 책, 베스트셀러가 되기를 바라는 책.

그런데 《있으려나 서점》에서 유일하게 없는 책이 있더군요. 저에게도 그 책이 반드시 필요한데 말입니다.

이 신통방통한 변두리 서점의 마지막 손님은 두 주먹을 불끈 쥔 남자다. "저…… 혹시 《확실한 베스트셀러 만드는 법》, 그런 책 있을까요?" 애틋한 주인장의 표정이 클로즈업되며 책은 막을 내린다. "아…… 그런 책은 아직, 없습니다."

하하하. 그 마지막 장면은 정해 놓고 시작했어요. 《확실한 베스트셀러를 만드는 법》이라는 책이 있다면 내가 읽고 싶어요. 그러나 아직 없다는 건 언젠가는 있을 수 있다는 거죠.

요시타케 신스케는 1973년생. 츠쿠바 대학원 예술연구과 종합조형 코스를 수료했다. 평범한 직장인으로 살던 그는 마흔 살이 되던 해인 2013년 첫 그림책 《이게 정말 사과일까?》를 출간하고 일약 전 세계가 주목하는 그림책 작가로 떠올랐다. 사과 한 알을 앞에 두고 심각하게 관찰하는 어린이 이야기는 출간 첫해 일본에서만 13만 부, 3년 만에 22만 부가 팔렸다.

사과는 아이의 걱정과 만나 생명이 들썩이는 '알'에서 반짝이는 '별'로 그 정체성이 천변만화한다. 통제되지 않는 발명가 같은 요시타케의 기상천외한 추론은, 감정을 다룬 책 《심심해 심심해》를 비롯해 존재를 다룬 《이게 정말 나일까?》 죽음을 다룬 《이게 정말 천국일까?》로 이어진다. 마침내 볼로냐국제도서전은 2017년 《벗지 말걸 그랬어》로 그에게 라가치상 특별상을 수여한다. 일본 어린이 12만 명은 올해 어린이날 인기투표에서 읽고 싶은 책 열 권 중 요시타케의 그림책을 네 권이나 골랐다.

《있으려나 서점》은 일본에서는 출간 3주 만에 10만 부를 돌파했고, 우리나라에서는 출간 3개월 만에 3만 부를 돌파했다.

사실 요시타케 씨를 만나면 어떻게 하면 재밌는 어른이 될 수 있는지 꼭 묻고 싶었답니다.

가나가와현에 사는 가장 눈에 안 띄고 마음 약한 아이가 저였어요. (웃음) 어릴 적부터 '뭘 해도 안 될 거야' 하고 자주 비탄에 빠졌어요. 그래서 항상 현재 상태의 반대를 가정해요. 어떻게 하면 즐거워질까, 덜 심심할까. 나쁜 생각에 지지 않도록 노력을 했어요. 그렇게 나를 즐겁게 하려는 연습이 그림책으로 나왔어요.

책에 등장한 서가를 갖춘 무덤 아이디어는 정말 기발하더군요. 돌아가신 분과 살아 있는 사람이 책으로 연결될 수 있다는 생각에 전율이 일었어요.

예컨대 고인이 생전에 읽었던 책을 가져가고, 고인이 천국에서 읽으면 좋을 책을 넣어 두는 거죠. 제가 좋아하는 부분은 〈한 사람의 책〉이에요. 사람마다 자기 인생의 책을 써 간다고 생각합니다. 그 책이 제대로 읽히지 않은 채로 무덤까지 갈 수도 있지요.

인생도 베스트셀러와 스테디셀러가 있다는 거군요. 끝까지 읽히지 않는 외로운 사람도 있고요. 돌아가신 할아버지의 공책을 읽으며 죽음을 공상하는 《이게 정말 천국일까?》를 읽고는 이 시대에 꼭 필요한 이야기가 도착한 것 같았습니다. 당신 덕에 이젠 늙으신

"인생은 복잡하지 않아요. 걱정하고 웃고, 걱정하고 웃고,
그런 일의 연속이죠."
사진© 남강호

부모님과도 제 아이들과도 웃으며 죽음을 이야기할 수 있게 됐어요.

(함빡 웃으며) 다행이네요. 저는 부모님이 일찍 돌아가셔서 당신들이 죽음에 대해 어떻게 생각하는지 듣질 못했어요. 병으로 돌아가셨는데, 그동안 두려움이 있으셨겠죠. 살아계실 때, 저 또한 무서워서 죽음에 관해 묻질 못했습니다. 책을 보면서 웃으면서 죽음을 이야기할 수 있다면 좋겠다고 생각했어요.

그래서 말인데《이게 정말 천국일까?》의 할아버지 놀이터 무덤과《있으려나 서점》의 서점 무덤을 섞으면 어떨까 생각해 봤어요.

정말 좋은 아이디어네요!

《이게 정말 사과일까?》에 나오는 아이는 누가 모델이죠? 사과 한 알을 두고 이게 우주에서 온 별일까, 반쪽이 바나나는 아닐까, 온갖 희한한 상상을 이어가는 아이 말입니다.

접니다. 걱정 많은 요시타케. 상상력은 잘못 쓰면 공포를 극대화하죠. 양날의 검이라, 항상 좋은 쪽으로 쓰려고 해요.

지금 당신은 어떤 어른인가요?

어린아이 같은 어른입니다. 제 나이 마흔다섯인데, 지금도 무슨 일이 생기면 '어른들은 참 대단하지'라고 생각해요. 어린아이의 가치관으로 어른들을 본달까요. 어릴 땐 어른스러운 아이였어요. 나이 먹을수록 어려지다 보니 거기서 생기는 감정의 이격이 재밌어요. 걱정 많은 아이와 어리광 부리는 어른이 공존한달까요. 그래서 제가 쓴 그림책의 주인공은 전부 저예요. 일부러 어린이의 마음을 상상할 필요가 없습니다.

막 그린 듯해도 왠지 공손하고 정교한 그림체는 어떻게 탄생했습니까?

그림을 잘 못 그려요. 미술대학교 교수님도 못 그리는 애가 들어왔다고 대놓고 핀잔을 주셨어요. 저는 눈앞에 있는 그대로를 그리는 데는 재주가 없습니다. 실력이 부족해서 단순하게 그리기 시작했어요. 동그라미와 점만으로 사람을 그리는 식이죠.

놀이터나 기계 장치는 묘사가 매우 정교하더군요. 그림이 발전한 계기가 있습니까?

안 보고 그리기 시작하면서 잘 그리게 됐습니다. 어떤 사물이나 장면을 보고 암기해서 비슷한 것을 그렸더니 실력이 확 늘더군요. 닮은 듯, 간단하게 그릴 뿐입니다.

어린이 독자들이 그의 그림을 그려서 편지로 부쳐 오는 경우가 많다고 했다. 아이들이 '이 정도는 나도 그릴 수 있어'라고 할 때 말할 수 없이 기쁘다고. "그거야말로 굉장한 일이 아닙니까?" 그가 눈을 동그랗게 뜨고 말했다.

첫 독자가 아내와 아이들이라고 들었어요. 그들의 반응에 일희일비하겠지요?

아이들은 제 책에 기쁨으로 반응하죠. 아내는, 달라요. 뭐랄까 내 일에 흥미가 없달까요?

아무래도 어른이니까요. (웃음)

맞아요. 좀 심술궂고 신랄하달까요. 새 책이 나오면 "전의 책이 더 좋았어"라거나 중간쯤 읽다가 "다 알 것 같군. 지루하다니까"라고 해서 상처를 받곤 하죠. 아무래도 아내는 어른이니까요. (웃음)

당연히 아내가 재미없다고 한 책이 잘 팔렸을 테고요.

네. 그래서 아내가 재미있다고 하면 몹시 불안합니다. (웃음)

집 반경 5킬로미터를 벗어나지 않는 이유는 뭐죠?

(심각한 표정을 지으며) 걸어서 돌아갈 수 없는 곳으로 가는 게

무서워요. 바다를 건너는 일 따위는 못 할 줄 알았어요. 그런데 편집자 덕에 처음으로 해외(볼로냐국제도서전)에 나가 봤어요. 한국이 두 번째 외국행이에요. 등 떠밀려서 왔지만, 막상 용기를 내서 와 보면 정말 재미있어요.

아무래도 당신의 상상력은 그렇게 생활을 단순화해서 상상의 여지를 남겨 두기에 가능한 게 아닌가 싶어요. 좀 심심한 상태로. 게임이나 스마트폰에 매달려 살지도 않겠지요?

게임은 안 해요. 스마트폰이 있어도 검색을 끝까지 해 보지 않아요. 정답을 알면 생각을 멈추거든요. 궁금한 게 생기면 내 얕은 지식 안에서 해결해 보려고 합니다. 이런저런 가설을 세워서요. 아이들도 그렇죠. 모르는 게 많아서 더 이상하고 재미난 이야기를 만들어 내죠.

마흔 살에 그림책 작가로 데뷔하기 전까지는 무슨 일을 했나요?

광고회사에서 촬영용 인형이나 건물 등 미니어처 만드는 일을 했어요. 퇴근해서 밤에 나를 즐겁게 하기 위해서 일러스트를 그렸지요. 취미가 일이 된 셈이에요. 만약 처음부터 그림책 그리는 일을 했으면 오래 못 했을지도 모르죠.

어릴 적부터
'뭘 해도 안 될 거야' 하고
자주 비탄에 빠졌어요.
그래서 어떻게 하면
즐거워질까, 덜 심심할까
항상 궁리했어요.

서른 살부터 마흔 살까지, 그는 퇴근 후 낄낄거리며 그림을 그리지 않으면 살 수 없었다고 했다.

오로지 당신 한 사람을 위한 그림이었나요?

그렇습니다. 저는 여전히 이상하다고 생각해요. 내 그림은 나만 재미있을 줄 알았는데, 전 세계 독자들이 웃고 있다는 사실이. 지금도 나는 보통의 명랑한 아이들을 위해서 그리지 않아요. 나의 어린 시절, 걱정 많은 어린이 요시타케를 재밌게 만들려고 그리죠. 걱정 많은 아이가 100명 중 열 명은 있지 않겠어요?

해외에서 상을 받을 땐 기분이 어땠지요?

이해가 안 되고 놀라웠어요. 많은 분이 공감하는 걸 보고 생각했죠. '세상에 걱정 많은 사람이 이렇게 많다니!' 상을 받은 것도 5년 동안 벌어진 일도 다 꿈만 같아요. 앞으로 나올 책에 여러분이 재미없다고 하면, 그제야 '그럼, 그렇지. 이제야 원래대로 돌아가는군' 하고 안심할 것 같습니다.

저런, 당신의 상상력의 원동력은 걱정인가요?

그렇습니다. 저는 항상 혼날까 봐 걱정했어요.

많이 혼나면서 자랐습니까?

혼나지 않았어요. 혼날까 걱정만 했죠. 자주 혼났으면 혼나도 별거 아니라는 걸 알았을 텐데, 혼이 나면 어떻게 되는지 몰라서 무서웠어요. 책을 만들면서도 저는 온갖 상상을 다 해요. 이런 표현은 상처가 되지 않을까, 마음이 아프거나 불편해하는 분은 없을까. 결례되는 표현은 전부 배제합니다. 그래서 저를 착한 사람으로 보는 분들이 많지만, 저는 착하지 않아요. 나쁜 상상을 밖으로 내뱉지 않을 뿐이죠.

앞으로 어떤 상상과 걱정을 이어 나갈 생각인가요?
저에게는 《이게 정말 사과일까?》가 출발점이에요. 사과 한 알을 두고도 끝없이 걱정하며 즐거운 공상을 이어 가는 거죠. 앞으로 저는 《이게 정말 천국일까?》처럼 거대하고 말하기 두려운 죽음이라는 주제와 《벗지 말걸 그랬어》처럼 말도 안 될 정도로 사소한 이야깃거리, 두 가지를 계속 상상하고 그릴 겁니다.

마지막으로 한국의 '걱정 많은' 어른들에게 해 주고 싶은 말이 있습니까?
저는 그림책 작가가 되고 싶지도 않았고 될 수 있다고 생각해 본 적도 없습니다. 심심한 나를 웃겼더니, 우연히 독자가 생기고 작가가 되었어요. 이건 확실히 운이죠. 그런데 운은 우리가 어쩔 도리가 없어요. 그러니 재미있는 일을 하는 게 다죠. 나를 즐겁게 하지 않으면서 타인을 행복하게 만드는 건 불가능해요. 인생은 복잡하지 않아요. 걱정하고 웃고, 걱정하고 웃고, 그런 일의 연속이죠. 그러니 저처럼 용기를 내세요. (웃음)

문득 도서관에 반납된 책들에 던진 그의 애틋한 질문이 떠오른다. "어떤 사람이었지? 소중히 읽어 줬어? 읽으면서 웃었어? 울었어?" 인터넷 검색만으로 도달할 수 없는 놀라운 마음의 정경을 보여 주는 요시타케의 그림책처럼, 인생도 그렇다. 걱정만으로 예측할 수 없는 새로운 웃음의 세계가 항시 대기 중이다. 매일매일 싱싱한 걱정과 웃음이 꼬리에 꼬리를 물고 이어지는 소소한 우리 인생에 경배를!

2018년 12월

허송세월 쌓여
문득 좋은 게 나와요

가수 이적

BTS가 음악계의 키워드가 된 요즘이지만, 여전히 이적이라는 이름을 들으면 깜짝 놀란다. 철커덕 총구를 조준하듯 강렬한 발성의 작명, 이야기의 충동으로 꿈틀대는 노랫말, 서울대 사회학과 출신 가수, 여성학자 박혜란의 아들……. 90년대 중반부터 그가 거쳐 간 그룹 패닉, 카니발, 긱스 등이 음악계에 남긴 흔적은 여전히 도발적이고 상쾌한데, 그가 벌써 40대 후반이다. 예리한 칼날도 시간이 지나면 무뎌지기 마련이지만, 방송가 여기저기서 활약하는 유희열이나 윤종신과는 다르게, 그에게서 여전히 낯섦과 설렘의 동시대성이 감지되는 건 왜일까. 역시나 삐딱한 두 글자의 이름 탓일까, 아니면 "언젠가 먼 훗날에 저 넓고 거치른 세상 끝 바다로 갈 거"라던 히트곡 〈달팽이〉의 통역의 기억 때문일까. 이적을 만났다. 검은 배낭을 멘 기자들이 맹렬하게 떠들며 오가는 광화문 카페 입구에서 그는 잠시 길을 잃은 피터팬처럼 머뭇거렸다. 헤어스타일과 메이크업은 공들여 손질한 듯 단정했고, 점퍼와 검은 팬츠도 몸에 잘 맞았다. 남의 눈을 신경 쓰면서 자기 개성도 지켜 내려는 프로다운 노력. 그와 동시에 그런 자신을 낯간지러워하는 기질이 뒤섞여 보석상 안에서 도드라진 광물을 보는 것 같았다.

이적이라는 이름은 세월이 흘러도 강렬합니다. 무슨 뜻인가요?

본명은 동준이에요. 발음이 너무 동글동글해서 세 보이고 싶은 마음에 '적'이라고 지었어요. 피리 적笛 자예요. 제가 되고 싶은 게 피리 부는 사나이였어요. 모든 근심을 해결해 준다는 신라 시대의 피리 만파식적도 있지만, 사실 제가 매료됐던 건 하멜른의 '피리 부는 사나이'예요. 그게 음악이 지닌 마술적인 힘이라고 생각했어요.

역시나 서늘하군요. 패닉의 이적에서 시작해, 대중음악이 찬란하게 무르익었던 90년대를 관통했어요. 기분이 어떤가요?

빛나는 분들이 있었던 시절이죠. 저는 그저 변방 어딘가에서 조용히 지나온 기분이에요. 아직 이적이라는 이름으로 노래하면, 제 무대를 찾아와 주는 분들이 있으니 감사하죠. 95년에 데뷔했으니 제가 올해로 25년 차 가수예요.

실크블라우스를 입고 〈가요톱텐〉에 나와 "나는 왼손잡이야"를 외치던 청년이 어느새 중년이 됐다. 함께 활동했던 김동률, 유희열, 타이거 JK, 임창정⋯⋯ 아직 살아남아 노래하는 자들에게 우애를 느끼는 나이가 되었다고 그가 나지막이 회고했다. 그 25년간 자신이 주인공인 적은 한번도 없었다고. 잘나가던 패닉 때조차도 앨범 판매량이나 콘서트 모객에서 신해철, 이승환의 신드롬에 한참 못 미쳤다고 첨언하며.

그들과는 다른 트랙에서 달렸으니까요. 당신이 쓴 노랫말을 처음 들었을 때 생경했어요. 70년대에 산울림의 김창완이 "아니 벌써, 해가 솟았나"라고 난데없이 던지듯 노래할 때의 충격처럼⋯⋯. 말하는 대로 쓰여진 것 같은 가사가 사회적이고도 개인적인 메시지로 다가온다는 게 산뜻하더군요.

저는 뭐랄까, 가사보다는 늘 화성을 신경 썼어요. 가사는 오선지 위의 토핑 정도로 생각했죠. 스튜디오, 믹싱, 마스터링 등 작곡은 공정이 정말 복잡해요. 가사는 필 받으면 단번에 써 내려가거든요. 그래서 '같은 저작권료를 받으면 좀 불공평하지 않나?' 그랬을 정도죠. 나중에야 그 힘을 알았어요. 사람들은 가사가 좋은 곡에 반응하는구나.

저는 다들 달려가면 혼자 머뭇거리는 습관이 있어요. 큰 공연을 할 때의 엑스터시야 잘 알죠. 모두가 하나가 된 것 같은 제의적인 무엇. 하지만 전 소극장 공연도 아주 좋아해요. 노래가 맨살에 닿는 느낌, 피아노 건반, 기타 한 줄이 튕겨나가 관객의 호흡에 닿죠.

어쩌면 이적의 적(피리)은 이적 자신이다. 독창적인 가사를 설득력 있게 전달할 뿐 아니라 장르적인 구획 없이 자유자재로 악보를 써 내려가는 이적은 스스로를 넘어서기 위해 성실하게 투쟁 중이다. 〈달팽이〉, 〈왼손잡이〉, 〈내 낡은 서랍 속의 바다〉, 〈하늘을 달리다〉 등의 노래는 음악과 가사 양 측면에서 대중음악의 예술적 외연을 넓혔다.

서울대 사회학과 출신이지요? 아웃사이더 시각의 성찰적인 노랫말이 그 영향이라고 생각했는데요.

하하. 어떤 메시지를 전하고 싶었다면 작가가 되거나 기자가 됐겠죠. 〈왼손잡이〉 같은 노래가 그런 흐름에 부합하지만, 그것도 제겐 음악의 일부였어요.

기자나 작가보다는 확실히 가수가 더 흥이 있는 일이지요?

그럼요. 좋아서 택한 일이고 여전히 좋아요. 노래를 만들고 부르는 직업이 먹고살기 힘든 일인데, 여전히 먹고살 수 있으니 감사하고요.

다행이군요.

다행이죠. 음악 잘했던 선후배들이 시장에서 배제되는 모습을 많이 봤어요. 찾는 사람이 적어진다거나 장르가 비대중적이라는 이유로. 제가 그들보다 음악을 잘해서 살아남은 게 아니에요. 시대와 적당히 잘 맞아떨어졌을 뿐.

노래에만 머물지 않고 다양하게 텔런트를 분출했기 때문이겠지요. 최근에 당신이 펴낸 그림책을 봤어요. 《기다릴게 기다려 줘》라고. 간결하고 깊고 아름다운 책이더군요.

딸아이가 종이 몇 장을 스테이플러로 찍어서 가져왔어요. "아빠, 이 종이를 채워 줘." "그래? 뭐가 나왔으면 좋겠어?" "별!" 그래서 즉흥적으로 백지를 채웠는데, 그 이야기가 나쁘지 않았어요. 곡을 쓸 때와 비슷해요. 몇 달을 머리카락 뜯을 때보다 쓱 가볍게 쓴 게 좋을 때가 있죠.

우주의 외톨이 별이 핼리 혜성을 만나 76년 만에 한 번씩 우정을 맺는다는 몇 줄의 스토리와 대충 그린 그림은 SNS에서 인기를 얻었고, 곧이어 눈 밝은 편집자가 그에게 연락했다. 마침 그에겐 할아버지의 죽음에 관해 쓴 짧은 이야기가 한 편이 더 있었다. 두 개의 이야기는 《기다릴게 기다려 줘》, 《어느 날》이라는 두 권의 그림책으로 세상에 나왔다.

어린이책인데도 시야가 넓고 깊어요. 우주에서 바라봐서 그럴까요?

"진심에 닿는 노래는 어떤 계기를 통해서든
연어처럼 대중에게 돌아와요. 좀 기다려 줘야 되는 거죠."

사진 제공: 뮤직팜

그렇죠. 우주적 호흡으로 보면, 인간의 시간 따윈 불면 날아가는 먼지 같잖아요. 《어느 날》은 "어느 날 할아버지가 돌아가셨대요"로 시작해요. 죽음을 이야기할 때 '돌아가셨다'고들 하잖아요. 아! 할아버지는 우주에서 왔나 보구나. 그래서 존재가 사라지는 게 아니라, 있던 곳으로 돌아가는구나, 그렇게 이해하면 두려움도 덜하지 않겠나 싶었어요.

2005년에 쓴 판타지 픽션 《지문사냥꾼》은 16만 부 이상 판매된 걸로 압니다. 단도직입적으로 '훅'을 때리고 빠지는 기이한 환상 콩트에 대중이 열광했지요. 동시대성과 개인성의 핏이 이렇게 잘 맞기도 힘듭니다. 당신에겐 그런 리듬과 촉이 있는 것 같은데요.

음…… (미소 지으며) 저는, 때마다 하고 싶은 이야기를 했어요. 대학 시절부터 썼던 짧은 이야기를 그림과 함께 내고 싶었어요. 그때 홈페이지에 '적메일'이라는 형식을 만들어서 비정기적으로 제가 쓴 글을 원하는 사람들에게 발송해 줬어요. 책으로 내자는 제안을 듣고도 도망갔는데, 또 묵혀 놓으면 그 '핏'이 흐트러질 것 같아서……. 음악처럼 이야기도 바로 그때의 동시대성이 있는 것 같습니다.

스스로를 '작가'가 아닌 '이야기를 쓰는 사람'이라고

말한 적이 있지요?

네. 이야기를 읽는 것도 쓰는 것도 좋아해요. 생각해 보면 제가 지은 노래 중 〈달팽이〉도 이야기고 〈말하는 대로〉도 이야기 설정이 있죠. 〈불꽃놀이〉도 그렇고 〈다행이다〉라는 노래도 마음을 다루잖아요.

어떤 글을 좋아하나요?

핵심으로 빨리 들어가는 글, 날카롭고 유머가 있는 글을 좋아해요.

당신이 쓰는 글이군요.

하하하. 그렇죠. 카프카처럼 씁쓸하고 엉뚱한 비틀림이 있는 이야기가 제 취향이에요.

어떤 목소리를 좋아하지요?

못 배운 목소리요.

못 배운 목소리라니요?

누가 들어도 보컬 트레이너가 붙어서 만든 목소리는 재미가 없잖아요. '얘는 대체 어디서 배워 먹어서 이렇게 노래를 하니?'라는 느낌이 드는 예측불허의 목소리. 예컨대 김창완 선배님처럼 훈련이 안 된 놀라운 목소리에 반해요. 어린 목소리로는 오혁처럼 툭툭 내뱉는 그런 목소리에 끌리죠.

자신의 목소리는 만족스럽습니까?

예전에 나영석 PD가 그랬어요. "못 배운 목소리 중엔 형이 제일 잘하는 것 같아." 하하하. 저는 보컬리스트로 훈련이 안 된 사람이에요. 요즘은 실력이 좀 늘어서 곧잘 불러요. 보통 20대 전성기를 지나면 표현력이 떨어지는데, 저는 못 배운 목소리다 보니 조금씩 깊고 넓어져요.

싱어송라이터라는 정체성에 최적화되어 있네요.

곡도 만들고 노래도 하고…… 혼자서 구현하는 재미가 쏠쏠해요.

요즘 트렌드와는 맞지 않는다고 했다. 최근 팝의 경향은 작곡과 작사의 분업이 분명하다고.

리듬과 멜로디도 파트별로 분업해서 시너지를 만들죠. 큰 기획사는 '송캠프'라고 해서, 2박 3일 동안 이를테면 노르웨이, 미국의 작곡가들과 한국 작곡가들이 함께 쿵작쿵작 해서 세상에 없던 희한한 곡을 만들어요.

기억나는 협업이 있나요?

MBC 〈무한도전〉에서 재석이 형(유재석)이랑 장단이 맞아서 좋은 작업을 했어요. 80년대 댄스곡 느낌으로 〈압구정 날라리〉라는 노래를 만들었는데, 너무 좋았어요. 형이 원했던 댄스의 한을 제가 풀어 줬죠. 저는 또 저대로 그때 〈말하는 대로〉를 만들었는데, 두 곡 다 너무 만족스러워요.

언젠가 유재석 씨가 방송에 나와 이적은 내가 모르는
천재적인 면이 있는 것 같다고 하더군요. 동의하나요?

천재는 말도 안 되고요. '이건 아니잖아'라고 한숨 쉬며 자폭할 때가 훨씬 많아요. '와! 좋은데' 하고 '자뻑'하는 순간은 아주 가끔 와요. 다행이죠. 허송세월이 시간 낭비가 아닌 게, 그 시간이 쌓여 한번씩 좋은 게 나온다는 게.

문득 그가 쓴 동화 《기다릴게 기다려 줘》를 노래로 만들어 봐도 좋을 것 같다는 생각이 들었다. 뮤지컬 〈헤드윅〉의 〈사랑의 기원〉처럼 별과 우주의 회오리로 가득 찬 '오페라 동요'가 나오지 않을까. 역시나 20대부터 음악극을 하고 싶었다고 꿈을 들킨 소년처럼 그가 웃었다.

이적을 보면 사람은 소년에서 어른으로 키가 크듯 위로 자라는 게 아니라, 동심원으로 점점 확장되어 가는 게 아닌가 하는 생각이 든다. 어른이라는 완충재가 아이의 보드라운 잠재력을 품고, 더 멀리 지그시

동심의 보호막으로 퍼져 나가는 느낌. 그렇게 우리 몸의 성장판은 나이 들면 응고되는 것이 아니라 작은 소용돌이로 점점이 흩뿌려질 뿐이라고 선언하는 이적의 나날들.

세 아들을 서울대 보낸 것으로 유명한 그의 어머니, 여성학자 박혜란은 마흔에 공부를 시작했고 교수가 됐다. 어머니가 일찍이 세간의 호기심에 "서울대 보내는 엄마의 DNA는 없다"고 일침을 가했듯, 그는 어머니가 자신을 "방목했다"고 한다.

언제 내가 방목되고 있다고 느꼈나요?

초등학교 때 비가 오면 교문 앞에 엄마들이 우산을 들고 서 있잖아요. 저희 엄마는 한번도 우산을 들고 마중 나온 적이 없어요. (웃음) 그러면 제 반응은 '울 엄마 안 와? 서럽네'가 아니라 '울 엄마 멋있다'였어요. 어찌 보면 저희 모자가 같은 과인데, 저는 엄마가 저를 애가 아니라 독립적인 어른으로 존중했다고 느꼈어요. 그래, 이왕 젖은 거 흙바닥에서 신나게 놀자 했죠. 그게 지금껏 멋진 기억으로 남아 있어요.

그거 아세요? 아이들도 자기를 독립적으로 인정한다는 느낌이 들면 금방 캐치하고 뿌듯해해요. 방치하고는 달라요. 저는 딸들도 그렇게 성실하게 존중해 줘요. 어려운 말도 최선을 다해 설명해 가면서요. 아이가 자랄수록 부모가 개입할 수 있는 여지는 많지 않아요. 부모는 유전자를 전달하는 통로, 잠깐의 대리인이니 부디 저는 아이의 발목이나 잡지 말자는 거죠.

성인이 돼서 만난 어른 중 누가 기억에 남습니까?

데뷔 후에는 긱스 밴드를 했던 정원영 씨를 참 좋아했어요. 그 형이 저보다 열네 살이 많은데도 위계가 없었어요. 다 음악 하는 친구로 대해 줬죠. 가끔 제가 뮤지션이 아니라 '업자' 마인드로 전락한다 싶을 때, 원영이 형을 생각해요. 그 순간 '아차, 나는 음악 하는 소년이었지' 하면서 마음을 고쳐 먹어요.

그래도 내 노래가 사랑을 못 받을 땐 마음이 많이 흔들릴 텐데요.

처참하게 안 된 앨범도 있죠. 다행히 그때는 제가 또 다른 걸 하고 있어요. 제 원칙이 시장의 성적만 가지고 속끓이지 말자, 예요. 남 흉내 내지 말고, 나만의 게임을 계속하자는 거죠. 90년대는 300만 장씩 앨범을 팔았지만 지금 몇 십만 장 팔아도 저는 만족해요. 멜론 차트를 기준으로 두면 저는 정말 작은 구멍가게거든요. 그런데 당장 순위가 끝이 아니에요. 대중가요는 운 좋으면 다시 발견돼요.

어떤 곡을 가장 사랑합니까?

역시나 〈달팽이〉와 〈거짓말 거짓말 거짓말〉이라는 곡이 애착이

뭔가를 쫓아가지도 않았지만
골방으로 들어가지도 않았어요.
내 길을 뚜벅뚜벅 걸어온 셈이에요.

가요. 〈거짓말 거짓말 거짓말〉은 2013년 멜론 차트 1위를 했어요. 〈다행이다〉도 처음엔 안 됐다가 다시 사랑받았고, 김동률 씨와 같이했던 〈거위의 꿈〉은 리메이크로 생명을 얻었죠.

좋은 곡은 언젠가는 발견된다는 희망이 있군요.
그럼요. 당장은 모르지만, 그런 믿음이 있어요. 〈나침반〉도 지금은 잠잠해도 내후년엔 또 부르게 될지 누가 알겠어요. (웃음) 진심에 닿는 노래는 어떤 계기를 통해서든 연어처럼 대중에게 돌아와요. 좀 기다려 줘야 되는 거죠.

문득 그가 쓴 그림책 《기다릴게 기다려 줘》의 제목이 의미심장하게 들렸다.

요즘 음악 동료들과는 어떤 고민을 나누고 있지요?
어떻게 음악을 선보여야 할까. CD를 내야 하나, 종신이 형처럼 월간(〈월간 윤종신〉)으로 발행할까, 우리끼리 회사를 만들어야 하나, 곡을 쪼개서 내야 하나, 나중에 한꺼번에 내야 하나…… 변혁기에 사는 모든 사람의 고민입니다.

급변하는 시류 속에서 여직껏 어떻게 살아남았습니까?
뭔가를 쫓아가지도 않았고 그렇다고 골방으로 들어가지도 않앴어요. 내 길을 뚜벅뚜벅 걸어온 셈이에요. (한참 생각하다) 내 페이스대로 가는 게 말처럼 쉽지는 않았어요. '대중의 취향을 고려 안 하면 가수라고 할 수 있나?' 반면 '오락가락하면 그게 또 무슨 아티스트인가?' 나름 팔랑귀라 그 중간에서 열심히 줄 타기를 해야 했어요. 남의 평가와 내 평가 사이에서 갈등할 땐 나만의 룰을 따랐어요. 정신 승리가 따로 있는 게 아니에요. 자기만의 페이스로, 자기만의 플레이를 하는 거죠.

후회되는 일은 없나요?

후회는 잘 안 해요. 더 좋은 곡을 못 썼다는 아쉬움은 있어요.

비틀스가 되고 싶었나요?

아니요. 저는 제 깜냥을 알아요. 슈퍼스타가 되는 건 멋진 일이죠. 유재하 선배조차 죽기 전까지 슈퍼스타가 꿈이었다죠. (웃음) 조용필 선배나 BTS는 하늘이 정해 준 사람들이에요. 저는 슈퍼스타의 꿈은 접었지만 제가 지닌 다른 영향력을 알아요. 그래서 죽기 전까지는 진짜 좋은 곡을 쓰고 싶어요.

조용필 같은 슈퍼스타도 나훈아 같은 국민가수도 아닌지라, 스스로 무대에서 뛸 수 있는 시간은 15년 정도라고 생각한다고 했다. 그때까지 차일피일 미루지 않고, 창작자로서 부지런히 살고 싶다고.

당신은 이미 진짜 좋은 곡을 썼을지도 모릅니다. 당신
이 그걸 모를 뿐.

아니요. 진짜로 못 썼어요. 죽기 전까지 쓰는 게 꿈이에요. 그 곡
하나로 내 인생이 의미 있었다, 라고 할 만한 곡. 아주 소박한 노
래일 수도, 아주 복잡한 노래일 수도 있는 그런 곡이요.

그 표정이 너무 간절해 보여 더 이상 말을 보태지 않았다. 이적은 자신
이 지금 질풍노도의 시기를 건너고 있다고 했다.

때론 세상이 뒤집어진다고

나 같은 아이 한둘이 어지럽힌다고

모두 다 똑같은 손을 들어야 한다고

그런 눈으로 욕하지 마

난 아무것도 망치지 않아

난 왼손잡이야

— 〈왼손잡이〉에서

나 스무 살 적에 하루를 견디고

불안한 잠자리에 누울 때면

내일 뭐 하지 내일 뭐 하지 걱정을 했지.

말하는 대로 말하는 대로 될 수 있단 걸

눈으로 본 순간 믿어 보기로 했지.

— 〈말하는 대로〉에서

우리가 지난 1990년대에서 2000년대에 이르는 불안의 긴 터널을, 이 적의 매력적인 피리 소리를 들으며 건너올 수 있어서 다행이다.

2019년 2월

온 마음으로 감탄하고
감사하세요

화가 황규백

2019년 2월 서울 가나아트센터에서 열렸던 황규백의
전시회는 대성황을 이뤘다. 노화가가 그린 고적한 풍경
앞에서 사람들은 마음을 뺏긴 채 오래 서성였다. 우산,
식탁, 시계, 모자…… 몇 개의 사물을 화면에 단순하게
배치했을 뿐인데, 그 여운에 뒷머리가 아득해졌다.
우산과 빈집, 바위와 백조, 꽃과 나비가 각자의 위도와
경도에서 미묘한 멜랑콜리를 뿜어내고 있었다. 그것은
과묵한 음악이었고, 화려한 수묵이었고, 따뜻한
고독이었다. 이 낯설고도 익숙한 평온의 정체가 궁금했다.
20세기 메조틴트 판화의 대가이자 이제는 회화 작가로
돌아온 여든여덟 살의 거장 황규백을 만났다.
뉴욕에서 30년간 활동하다 2000년 영구 귀국한 이후, 그는
서울 방배동에 자기만의 낙원을 세웠다. 파리의 다락방과
로마의 유적지, 뉴욕의 로프트와 유럽의 고성이 뒤섞인
아틀리에는 온통 그가 그린 벽화로 채색되어 있었다. 집
전체가 하나의 작품이었다. 방문을 열 때마다 어디에서도
본 적 없는 꿈결 같은 풍경이 펼쳐졌다. 탤런트 최불암을
닮은 온화한 인상의 노인이 걸음걸음 파안대소하며 집
구경을 시켜 주었다.

멋진 곳에 사십니다.

이 집에 머무는 것 자체가 행복입니다. 천장을 3미터 높이고 사다리를 타고 하늘과 구름을 그려 넣었어요. 벽난로 위의 거울도 내 손으로 만들고 벽에는 기둥과 아치형 문을 그렸어요. 나는 이 집에서 잘 나가지 않아요. 이곳이 내 낙원이죠. (웃음)

선생의 헤어 컬러도 근사한 먹색이군요.

사실은 블루예요. 검은색으로 염색하면 금세 형광등 켠 것처럼 이마 끝이 허얘져. 블루는 부드럽게 먹색으로 변해 가요. 검은 머리도 흰머리도 다 같이 어울리죠.

검은 바탕이 일반적이었던 구미 유럽의 메조틴트 판화 기법을 자기만의 맑은 회색으로 바꿔 판화계에 서정적인 혁신을 일으킨 황규백. 자신의 집 그리고 몸까지 색이 물드는 캔버스로 보는 화가가 신기했다.

뉴욕에서 판화가로 명성의 정점을 찍었던 분이 70세가 다 되어 회화로 장르를 바꿔 귀국하셨어요. 남들은 은퇴할 나이에 그런 모험을 했다는 게 놀랍습니다.

미국과 유럽은 60년대부터 90년대까지 판화의 전성시대였어요. 90년대 중반이 되니 30년간 이어지던 판화의 열기가 시들해지더구만. 미술시장이 회화의 오리지널리티를 높이 사면서 판화의 열기가 식었어요. 투자자 입장에서 보면 판화는 복수로 나오니 값이 싸거든, 허허.

때가 오면 회화를 하겠다는 마음이 항상 있었어요. 나는 뭐든 결정을 내리면 단번에 해요. 뉴욕 소호에 있는 아틀리에를 1974년에 구입해서 살았는데 2000년에 팔고 한 달 만에 서울로 왔어요.

통상적으로 판화를 하다 회화를 하는 건 불가능하다고 알고 있어요. 디테일도 스케일도 몸의 문법도 판이하니까요.

쉽지는 않았죠. 준비를 단단히 했어요. 3개월간 이탈리아 말을 공부해서 이탈리아에 갔어요. 전국을 돌며 프레스코화를 봤지. 물감을 어떻게 쓸지 감이 오더군요.

몸이 캔버스 앞에서 제대로 반응을 하던가요?

그럼요. 너무 재미있었어요. 판화는 노동집약적인 작업이에요. 메조틴트 판화 작은 걸 하나 하려고 해도 송곳 바늘로 한 달을 작업해요. 체력이 부치지. 나이 들어 붓으로 그리니 오히려 더 크고 자유롭고 빠르게 작업할 수 있어요.

혼자 그리시나요? 도와주는 사람은 없습니까?

조수는 없어요. 나는 그림도 빨라요. 판화할 때는 1년에 10점을 했는데, 회화는 하나 잡으면 일주일 안에 끝내요. 오래 붙들고 있지 않아요. 그려야 할 그림은 이미 머릿속에 딱 들어 있어. 드로잉도 없이 단번에 그려요.

30년 넘게 매일 동판을 깎고 찍으면서 정밀하게 수련된 그의 손은, 무엇을 어떻게 그려야 할지 정확히 알고 있었다. 광부가 금맥에 당도한 듯, 마음의 정경이 빈 캔버스 위에 끝도 없이 쏟아져 나왔다.

결정과 행동이 정말 빠르시군요.
몰라요. 내 기질이 그런가 봐. 서른여섯 살에 파리에 가서 50년간 나는 행운만 누린 것 같아요.

황규백은 1932년 부산에서 태어났다. 서울 용산교통고등학교에서 홀로 기숙하며 처음 그림을 접했다. 학교에서 밥 먹여 주고 재워 주니 좋은 시절이었다고 했다. 재학 중에 6.25 전쟁이 터져 부산으로 피난을 갔다가 그 길로 자원 입대했다.
4년 동안 최전선에서 온갖 끔찍한 참상을 다 보았다. 제대해서 서울로 온 그를 맞은 건 (군미필자로 오인해) 다시 군대에 실어 보내려던 광화문 앞의 징집 트럭이었다. 전후 한국은 어처구니없는 일들이 횡행했다. 불행의 도돌이표에 정신이 아득해졌다. 태어나 나쁜 세상만 맛보니 기가 꺾이더라고 그가 아득한 눈빛으로 젊은 날을 더듬었다.

국전에 입선했지만, 출구 없는 불안정한 날들이었다. 누군가 파리에 가 보라고 했다. 그 길로 알리앙스프랑세즈를 다니며 2년간 말을 배우고, 500달러 뱃삯이 마련되자 미련 없이 요코하마 MN라인에 몸을 실었다. 1968년. 대책 없는 탈출이었다

부모님은 뭐라고 하시던가요?

떠나기 한 달 전에 말씀드렸어요. 어머니는 두말없이 가라고 하셨어요. 이곳에선 배추장사 말고는 할 게 없어 보였거든. 기다리는 사람도 없으니 느긋하게 홍콩, 싱가포르, 폼페이, 아프리카를 돌아 한 달 반 만에 마르세이유 항구에 정박했어요. 그렇게 망망대해를 떠돌다 육지에 닿으니 프랑스가 내 나라인 듯 어찌나 반갑던지요. (웃음) 낯설지가 않았어요.

또 기차 타고 새벽에 파리에 내리니 온 도시에 바게트 빵 냄새가 진동하더라고. "공기가 달았지. 내겐 신천지였어요. 마침 배 안에서 사귄 일본인 친구가 몽마르트에 가면 자기가 아는 화가가 있으니 한번 찾아가 보라더군요. 물어물어 만났더니 요즘엔 판화가 유행이래요." 그렇게 몽마르트르 화가의 우연한 소개로 유명한 판화 공방 '아틀리에 17'을 찾아가 일을 시작했다.

1968년, 파리의 판화 공방 아틀리에 17은 각국의 작가들이 모인 예술의 낙원이었다. 피카소, 미로, 샤갈, 칸딘스키 등 유럽의 망명 작가는

"좋은 그림은 팔려요. 만고의 진리예요. 나쁜 건 안 팔려. 간단해요."

물론 폴록, 로스코 등이 아틀리에 17에서 판화를 제작했다. 넥타이를 매고 연장을 쥔 젊은 예술 노동자 황규백은 죽기 살기로 신나게 판화에 매달렸다. 미국의 화상들은 넘치는 수요를 감당하기 위해 파리의 판화 공방으로 몰려왔다.

2년 뒤, 황규백은 미국 거물 화상 휴 맥케이의 스카우트로 뉴욕행을 결심한다. 1970년대 초 뉴욕 화단은 팝아트의 성장과 판화의 열기가 오버랩되어 있었다. 그가 뉴욕 땅을 밟은 날은 1970년 7월 4일, 미국 독립기념일이었다. 백남준, 김환기 등이 이미 뉴욕에서 활동 중이었다.

파리에서 뉴욕으로 다시 점프하신 걸 보면 기회를 감지하는 실천가 기질이 강했던가 봅니다.

떠날 때라는 걸 알았던 거죠. 입던 옷도 다 버리고 물감 보따리만 달랑 싸 들고 뉴욕으로 왔어요. 히피들이 많더라고요. (웃음) 시간이 지날수록 뉴욕은 파리와는 또 많이 달랐어요. 새로운 것, 좋은 작품 못 만들면 바로 아웃이지. 어느 날 잔디 위에 누워 신세한탄을 하는데 눈앞에 손수건 한 장이 아른거려요. 하늘, 잔디, 손수건…… 그 아른아른한 이미지를 잡아서 작품을 했는데, 그게 나한테 날개를 달아 줬어요.

그 작품이 <잔디밭 위의 하얀 손수건>이었다. '손수건' 시리즈로 영국과 핀란드 판화비엔날레를 비롯해 각종 비엔날레에서 상을 받고 뉴욕

현대미술관, 대영박물관, 파리시립미술관에서 작품을 소장하면서, 그의 이름은 날로 높아 갔다. 1년에 10점을 제작하면 반은 미국으로 반은 유럽으로 날개 돋힌 듯 팔려 나갔다. 금속활자와 목판 인쇄의 후예로 한국인 황규백은 그렇게 메조틴트 판화의 세계를 평정해 갔다.

선생이 만든 1984년 사라예보 동계 올림픽 포스터를 봤어요. 작은 녹색 칠판에, 몽당연필과 시계가 돋보이더군요. 우아하고 파격적인 비주얼이었습니다.

녹색 칠판 아래 토끼와 거북이도 있어요. 당시에 개막식이 임박해서 올림픽 위원회에서 의뢰가 왔었어요. 스피드를 제일로 치는 올림픽이지만, 나는 토끼와 거북이 우화를 더했죠. 데이비드 호크니 등 쟁쟁한 작가들 작품을 제치고 내 포스터 엽서가 가장 잘 팔렸대요. 가만 보면 나도 머리가 나쁘진 않은가 봐. 허허.

미국과 유럽의 미술관과 컬렉터들은 선생 작품에 왜 그렇게 열광했을까요?

그때까지 메조틴트 판화는 흑백에 검정 바탕으로 제작됐어요. 그런데 나는 검정에 투명한 잉크를 넣어 배경을 회색으로 만들었죠. 판화인데 연필로 그린 듯 창호지처럼 고운 텍스처가 나왔어요. 맑고 밝고 시적인 느낌이 좋았던가 봐. 국제무대에서 '회색 쓰는 K. B. Hwang'이라는 브랜드가 그렇게 생긴 거죠.

작지만 혁명적인 변화였군요!

내가 깨우친 건, 어디서나 자기만의 독특한 세계가 있어야 한다는 거였어요. 〈잔디밭 위의 하얀 손수건〉도 마찬가지야. 그때 손수건이 안 팔렸으면 나는 비렁뱅이가 됐을 거예요. 그 생각은 종이 한 장 차이였죠. 하지만 남이 하지 않은 걸 한 거야. 못 하면 죽는다고 생각했거든. (웃음)

단순히 잘 그린다는 것과는 다른 의미겠지요?

잘 그리는 건 쉬운 거예요. 내가 주로 그리는 우산, 벽, 식탁…… 이런 걸 누가 못 그려요? 쉬운 거예요. 손수건은 초등학생도 쓱 쓱 그리지. 어디에 놓고 그리느냐가 오리지널리티예요. 그게 자기 세계, 나만의 센스죠.

그런 센스는 타고나는 건가요?

어느 정도는요. 단순히 예술만의 얘기는 아니에요. 센스가 있으면 가난해도 부유하게 살아. 센스 있는 사람은 비싼 옷으로 번드르르하게 치장 안 해. 슬쩍 걸쳐 입어도 멋이 나거든. 적게 먹어도 좋은 걸 찾아 먹지. 내 대표작인 손수건 시리즈도 공부를 하면 더 잘 그릴 수 있어요. 하지만 더 잘 그리면 못 그리게 돼. 서툴게 그려야 멋이죠. 그걸 감지하는 게 센스야. 감각이죠.

아름다움을 향한 그 감각의 문은, 대관절 언제 어떻게 열립니까?

온 마음으로 감탄하고 감사할 때죠. 좋은 음식 먹으면 "와! 너무 좋다" 그러잖아요. 인간이 만든 건데도 신의 선물 같거든. 친구랑 바다 앞에 서면 "와! 너무 좋지?" 그 한마디면 된 거예요. 인생이 얼마나 좋은지, 사는 게 얼마나 감사한지. 무슨 어려운 설명이 더 필요해요.

문학적 철학적 설명은 다 쓸데없다고 했다. 문득 일본 소설가 다자이 오사무의 이야기를 꺼냈다. 다자이 오사무가 어릴 적 헤어진 유모 이야기를 기록한 〈쓰가루〉가 특별한 흔적을 남겼던 모양이다.

정취와 도취가 절정에 이르면 사실 말이 필요 없지요. 오사무가 그러더군요. 사랑이라고 쓰고 나니 더는 아무것도 쓸 수 없었다고.

할 말이 없는 거예요. 다자이 오사무는 다섯 살 때까지 유모가 엄마인 줄 알고 컸어요. 서른 몇 살에 기차와 버스를 타고 유모를 찾아 쓰가루 지방으로 가요. 30년 만에 학교 운동장에서 유모를 만나 털썩 주저앉아요. "슈짱!" 그러고는 말을 못 해. 너무 반가우면 말을 잊어요. 나는 그 대목이 너무 좋아. '아! 평화라는 게 이런 건가.' 오사무는 이 몇 줄을 위해 몇 백 장의 원고지를 버렸을 거야. 그게 유명해져 쓰가루엔 유모와 아이의 동상이 생겼어요. 동감, 좋은 느낌. 살면서 그걸 느낄 수 있으면 충분해요.

선생의 예술도 세상 곳곳에 있는 '아! 좋다!'를 발견하는 일이겠지요?

그렇죠. 아름다움은 곳곳에 있어요. 어느 집 담벼락에 핀 야생화도 태평양의 성난 파도도 수력발전소의 탱크도 나에게는 곱디고운 시로 읽혀요.

휘트먼의 시 〈풀잎〉을 좋아한다고 들었습니다.

어릴 땐 하이쿠를 좋아했어요. 학창 시절엔 "여름 산, 비뚤어진, 작은 오솔길인가" 그런 하이쿠도 끄적였지요. 풀잎은, 그냥 좋아요. 짓밟아도 누웠다가 다시 일어나니 그 생명력이 참 좋아. 게다가 잔디 위엔 뭘 올려놔도 어울리잖아. 찻잔도 연필도 바이올린도…… 그 품이 엄마 가슴처럼 부드럽죠.

풀잎의 위력일까요. (웃음) 추상표현주의가 강세인데 선생의 소박한 환상주의는 변함없이 사랑받고 있어요.

분위기가 있잖아요. 나는 몇 가지 오브제만으로 초현실적인 분위기를 만들어요. 나만의 독특한 기술이죠, 허허.

그가 일생 동안 제작한 판화 작품의 수는 총 2만 4,000여 점(240점의 작품, 작품당 에디션 평균 100장)에 이른다. 모두 해외 판화 전문 갤러리스트를 통해 전 세계에 판매됐다.

> **결이 비슷한 화가로 누구를 꼽으세요? 박수근이 그린 마그리트 같다는 느낌도 받았습니다만.**

마그리트를 좋아해요. 나는 좀 더 상식적이고 마그리트는 상식을 넘어서죠. 나는 당치않은 건 또 못하거든. 이탈리아 화가로는 키리코를 좋아해요. 그이가 그림 속에 조각 동상을 잘 넣는데, 어둡고 적요한 가운데 동상이 들어가서 멋이 나요.

> **키리코의 그림엔 서스펜스가 있죠. 선생의 그림은 좀 더 조용하고요.**

모딜리아니도 뭉크도 참 좋아해요. 그런데 키리코의 동상 오브제는 정말 욕심이 났어요. 혹 내가 영향을 받을까 봐 키리코 근처에 갔다가도 아주 멀리 도망을 갔지. 따라 하면 안 되니까.

> **한때 한국 미술계는 조영남 대작이나 대작가들의 위작 사건으로 시끄러웠습니다.**

(한참을 침묵하다가) 그 이야기는 안 할래요. 다만 나는 내 그림에 항상 정직했어요. 나는 한 작품 그리는 데 일주일 걸려요. 하

지만 그렇게 그리기 위해 88년이 걸렸어요.

　　담벼락의 벽돌 하나도 같은 게 없더군요. 치밀한 손
　　작업은 사람을 엄숙하게 만들지요. 장인형 아티스트
　　인 선생은 요즘의 팝아트 경향을 어떻게 봅니까?
팝아트는 지나가는 흐름이에요. 회화는 좀 달라요. 누가 허물어
뜨릴 수가 없어요. 그 외엔 다 한 시절 지나가는 바람 같아. 판
화도 그랬죠. 제프 쿤스 같은 사람도 한때 그런 일이 있었다, 라
고 기억되겠지.

가격이 비싸다고 다 좋은 그림은 아니라고 했다. 천정부지로 값이 치
솟는 단색화 열풍에 대해서도 '감동이 있어서 비싼 건지, 비싸서 감동
이 있는 건지' 분별해야 한다고 조용히 일갈했다.

　　선생도 일평생 컬렉터와 유명 미술관의 사랑을 받으
　　며 '팔리는 작가'로 살아오셨잖습니까? 뉴욕 초기 시
　　절엔 백남준 선생도, 김환기 선생도 부러워했다고 들
　　었습니다.
잘 팔리는 건 달라요. 좋은 그림은 팔려요. 만고의 진리예요. 나
쁜 건 안 팔려. 간단해요. 내 그림은 감정을 전달하니 좋고, 게다
가 예쁘잖아. (웃음) 그림 팔아서 생활할 수 있다는 건 감사하고

신통한 일이죠. 하지만 당장 내일이라도 안 팔릴 수 있다고 생각해. 그러니 매일 열심히 하는 거죠. 한번 팔렸다고 끝이 아니야. 나는 내 작품을 산 사람들의 기대에 어긋나지 않도록 잘 살고 싶어요. 나중에 공연히 샀다, 그런 생각 들면 비극이잖아.

서울 생활은 만족하세요?
뉴욕은 경쟁의 도시예요. 늘 새로운 걸 원해요. 기회는 많지만 버리는 데도 익숙한 도시죠. 젊을 땐 좋지만 나이 들면 피곤해. 갖은 인종에 정서적 압박도 심해서 언젠가부터 고국으로 가고 싶었어요. 지금은 너무 재미있고 행복해요.

이젠 어떤 사건도 뒤흔들지 못할 평화가 선생의 그림 안에 당도해 있더군요. 분노와 격정의 감정은 다 어디에 두셨나요?
나는 사물을 보면 주로 옛날 생각을 많이 해요. 오브제를 어떻게 배치할까 생각하면, 마음에 그리움과 외로움이 앞서요. 외로움을 좋아하죠. 눈물도 많고. 일례로 2002년 월드컵 때 광화문 광장에 모인 청년들을 보고 얼마나 울었는지 몰라. 조국이 그리웠던가 봐. 평생 한국 청년들을 못 보고 살았거든. 얼마나 떳떳해 뵈던지, 그제서야 편안히 눈감을 수 있겠더라고요. 도보다리에서 남북한 정상이 만나는 거 보고도 또 많이 울었어요.

인생이 얼마나 좋은지,
사는 게 얼마나 감사한지,
무슨 어려운 설명이 더 필요해요.

6.25 전쟁에 참전하고 돌아와 광화문에서 다시 군대로 끌려갔다던 그의 과거사가 플래시백으로 떠올라 잠시 아득해졌다. 이제 나빴던 기억, 억울했던 일은 모두 좋은 기억, 아름다운 날들로 덮인 듯했다.

자녀는 없으신가요?

없어요. 하지만 처자가 있어도 외로운 법이지요.

제자는 없으신가요?

없어요. 없어도 행복합니다. 외로워서 행복하지요.

슬럼프는 없었습니까?

전혀 없었어요. 이렇게 부지런히 일하는데 어떻게 슬럼프가 와요? 매일 아침 7시부터 저녁 6시까지 작품만 생각해요. 60년간 빠짐없이 정시 출근, 정시 퇴근했어요. 밤에 누울 땐 혹시 이러다 내일 죽는 거 아닌가? 싶을 정도였죠. 그런데 그렇게 힘들어도 재밌어요. 재밌으니 수전증까지 이겨냈지.

놀이에 빠진 어린아이 같기도 하고 노동으로 단련된 수도자 같기도 한 황규백. 마흔다섯에 결혼했으나 아내는 오래 병중에 있다고 했다.

수많은 사물 중에 왜 우산을 유달리 좋아하세요?

딱 나 같아서요. 걸핏하면 눈물이 주르르 흐르고⋯⋯ 젖은 채로 벽에 기댄 모양이 쓸쓸하잖아. 날 개이면 버려지고 버려진 대로 또 거기 있잖아요.

그런데도 기쁘다, 재밌다, 행복하다는 말을 입에 달고 사는 이유는 뭔가요?

사실이니까요. 나는 작업하는 게 정말 기뻐요. 그림을 걸어 놓고 보는 게 정말 좋아. 행복해. 아름다움은 영혼을 맑게 해요. 그러니 삶에서 아름다움과 기쁨을 찾는 노력을 게을리하면 안 되지.

이경성 전 국립현대미술관 관장은 "황규백만큼 미국 화단과 세계 화단의 중심 깊숙이 파고든 사람도 없다"고 썼다. 실제로 뉴욕에 가 보니 황규백의 명성은 더 절대적이더라고. 국제적 명성에 비해 한국에서 덜 알려져 섭섭하지 않냐고 물었더니, 고개를 저었다. "지금으로 충분해. 마구간에서 전시해도 좋은 작품은 다 알아본다고."

평생 확대경과 송곳 바늘을 쥐고 느린 거북이처럼 동판에 풀의 농담을 아로새기던 그가 이제는 일필휘지로 사물의 정취와 마음의 풍경을 쏟아 낸다. 한국 땅에서, 황규백의 평화로운 그림을 볼 수 있어 참, 좋다. 그의 표현대로 무슨 말이 더 필요할까.

2019년 3월

즐겁게 일하려면
정리정돈이 필요해요

디자이너 지춘희

패션지 〈보그〉에 있던 시절, 피처디렉터의 눈으로 여러
패션쇼를 참관했다. 다소 시니컬한 관찰자의 눈으로
배낭을 메고 운동화를 신은 채 파리와 뉴욕과 서울의
쇼장을 오갔다. 컬러풀한 수트에 곰방대를 물고 걷는 장 폴
고티에 오트쿠튀르부터 쿨하기 그지없는 아디다스 쇼까지,
압도적인 스케일의 수많은 쇼를 보았지만, 드는 생각은
대개 비슷하다.

'근사해. 하지만 내가 입고 싶진 않아.'

그런 의미에서 가장 기억에 남는 쇼는 지춘희 쇼다. 뭐랄까.
지춘희 쇼는 흥겨운 잔칫집 분위기가 났다. 진귀하고 고운
것을 들고 온 방물장수 옆에 사람이 모이듯, 까탈스러운
프레스들도 낭만적 정취와 현실감각을 두루 갖춘 지춘희
쇼장에서는 화색이 돌았다. 블라우스, 수트, 원피스, 코트,
그리고 늘 엔딩을 장식하는 이브닝 드레스까지. 보고 나면
머릿속에 드는 생각은 하나였다.

'저건 내가 당장 입고 싶은 옷이군!'

쇼의 메시지도 일관됐다. '여자를 여자답게!' 옷은 비평과
유행의 대상이 아닌, 환희와 즐거움의 세계였다. 그렇게
지춘희가 지휘하는 공간, 지춘희가 만든 옷은 한 사람을
가장 자연스럽고 밝게 비추는 마력이 있었다.

90년대 심은하, 이영애가 입었던 청담동 며느리룩이

그랬고, 2000년대 장진영이 소화했던 진취적인 시대 의상이 그랬다. 이나영과 원빈의 결혼식은 지춘희의 드레스와 턱시도, 부드러운 밀밭이 어우러져 한 점의 풍경화로 기억된다.

1979년 '미스지콜렉션'을 론칭한 이래 40년간 변함없이 동시대 여자들의 마음과 지갑을 열게 한 지춘희가 나는 늘 궁금했다. 그리고 마지막까지 백화점 판매를 고집하던 그녀가 얼마 전 홈쇼핑 시장에 나와 역대급 히트를 쳤다는 소식을 들었다. 2018년 8월 CJ 오쇼핑에서 시작한 지춘희의 새로운 브랜드 '지스튜디오'는 첫 방송 두 시간 만에 45억, 1년간 누적 판매금액 1000억이라는 기록을 세웠다.

지춘희를 만나러 갔다. 여행을 자주 떠나는 그녀와 스케줄이 엇갈려 봄에 만나기로 한 약속이 어느덧 초가을이 되어 성사됐다. 붉은 벽돌이 고풍스러운 성수동 건물엔 커피업계의 애플이라 불리는 블루보틀이 입점해 있고, 사람들이 길게 줄을 늘어서 있었다. 그녀는 평소 여행, 신문, 유튜브, 세 개의 눈으로 시대를 읽는다고 했다.

70년대 명동 맞춤복 시절에서 90년대 청담동을 거쳐, 이젠 2019년 성수동 시대를 맞았습니다. 1세대 디자이너 중에 가장 최전선의 소비시장에 지춘희가 있다는 게, 저는 늘 신기했어요.

명동 시절엔 옷이 많지 않았어요. 귀한 대접을 받았죠. 지금은 옷이 쏟아져 나오는 시대예요. 나는 늘 당대를 즐겁게 사는 사람이니까, 남보다 반 발짝만 앞서 걸으려고 해요.

그 반 발짝 앞서기가 가장 어렵죠. 세태의 흐름이 너무 빨라 덩치 큰 명품업계도 스트리트 패션에 접속하느라 바빠요.

지금은 길거리가 모든 것의 주인이니까요. 개성도 목소리도 분방하게 터지는 건 좋아요. 그런데 나는 그걸 좀 품위 있게 정리해 주는 사람도 필요하다고 생각해요. 길거리 음식도 좋지만, 건강한 음식도 먹어야 생활의 질서가 잡히듯. 이를테면 나는 좀 정리정돈을 해 주는 역할인 것 같아요.

특별히 홈쇼핑이라는 새로운 시장에서 단번에 소비자를 끌어들인 비결이 궁금합니다.

제일 경계하는 말이 "홈쇼핑 같아"였어요. 피팅부터 라인 검수까지 옷이 홈쇼핑 제품 같아 보이면 다시 처음부터 했어요.

홈쇼핑인데 홈쇼핑 같아 보이는 제품에서 탈피하는 게 목표였다?

비슷해지는 걸 경계했죠. 하도 까다롭게 굴어서 만드는 사람들이 싫어할 거야. (웃음) 소재도 이태리 원단 회사에서 수입해요. 손해를 안 보는 선까지 원가를 높여요. 소량으로 하면 그 단가를 못 맞추는데 대량으로 하니까 가능하더라고요. 홈쇼핑이라도 충성도가 높은 편이에요.

가장 늦게 들어가 단번에 주도권을 잡은 건 타이밍을 계산한 결과인가요?

그런 거 없어요. 십수 년 동안 제안이 왔어도 마음이 동하지 않았어요. 그런데 이번엔 담당 PD와 MD가 워낙 저돌적으로 밀어붙였어요. 거기서 확신을 했죠. 브랜드를 선점하려면 그만한 저돌성은 있어야 해요. 사실 어려운 것도 아닌데 그런 사람이 드물어. 제대로 확신을 갖고 밀어붙이는 사람만 있으면 의외로 일이 쉽게 만들어지죠.

저돌적인 사람을 좋아하시죠?

네. 좋아해요. 열심히 사는 젊은이를 아주 좋아해요.

복잡한 분석보다 직관적이고 심플한 답변이 돌아왔다. 온라인 오프

라인의 파워 게임은 이미 끝났고, 시장은 '가성비' 좋은 프리미엄 상품을 원했지만 지춘희 프로젝트의 중요한 열쇠는 역시 사람이었다.

> 지난 4월엔 성수동 미스지컬렉션 건물에 블루보틀이 입점해서 거리에 활력이 넘칩니다. 지금도 사람들이 밀려들죠. 예상하셨나요?

내 취미가 동네 탐험이에요. 사람들 모여 사는 동네에 관심이 많죠. 여행을 좋아하는 것도 새로운 동네, 골목을 걸을 수 있어서예요. 미스지콜렉션 쇼룸은 청담동에 있지만, 공장은 성수동에 있어요. 내가 좋아한 건 이 동네의 자연, 에너지, 사람들이에요.
블루보틀은 아오야마에서 먼저 가 봤어요. 컵 하나로 간결하게 표현된 상징도 맘에 들고, 어딘가 모르게 브랜드가 지닌 진실성이 보였죠. 블루보틀이 오면 동네의 무게를 잡아 주고, 재밌어질 것 같았어요. 유치하느라 애를 좀 썼죠. 성수동엔 공장도 카페도 많지만, 이후엔 뭔가 이야기가 하나로 정리되는 느낌이에요. 새로운 물길이 생겼달까. 그렇게 동네에 들어온 이웃 젊은이들이 저하곤 또 허물없이 친구가 돼요. 고맙죠.

모든 대답이 자연스럽고 억지가 없어, 귓바퀴에 힘을 줬던 나는 매번 기운이 빠졌다. 지춘희의 옷에도, 지춘희의 생각에도 특유의 '바람 구멍'이 있다는 말이 실감났다. 그것이 변화무쌍한 패션산업계에서 오랜 시간 '지춘희다움'을 유지시킨 힘이 아닌가 싶었다. 역설적이게도 힘을 주는 게 아니라 힘을 빼서 나오는 비상한 기운.

아이디어와 추진력은 여행을 통해 몸에 밴 것인가요?
그런 것 같아요. 어쩌면 여행이 나를 구원하는 것 같아. 나도 궁금한 게, 내가 어떤 장소에 꼭 가야만 하는지 그 이유를, 나 자신도 모른다는 겁니다. 그냥 일단 떠나요. 책상 앞에 앉아 있으면 생각이 정체되니까 낯선 곳에 나를 놓아두는 거예요. 그러면 자연스레 가야 할 길이 찾아져요. 나는 예전부터 지도 보는 걸 그렇게 좋아했어요. 지금은 구글 지도가 있지만, 예전엔 지도책만 따로 보기도 했어요. 요즘엔 여행책을 많이 봐요.

그렇게 쌓인 빅데이터가 상당하겠습니다.
좋은 유적, 건축물, 젊은이들이 가는 힙한 곳, 험한 곳, 골목길, 독특한 호텔, 좋은 식당…… 다 훤하죠. 누가 등 떠밀어 가라고 한 게 아니잖아요. 밤새 야간 비행기를 타고 왔으니 입에 단내가 나도록 발품을 파는 거예요. 그곳 토박이들도 혀를 내둘러요. 언젠가는 아프리카를 경비행기 다섯 대 갈아타고 다니는 루트도 짰어요. 극성이죠, 하하.
여행은, 어쨌든 돈과 시간과 체력이 드는 일이잖아요. 그 여건을 소중히 써야죠. 그래서 난 뭘 먹고 뭘 보고 어디서 잘지, 최대한

"나는 제일 싫어하는 게 바쁜 척하는 거예요.
바빠도 여유 있어 보이려고 해요."
사진© 김지호

효율적으로 루트를 짜요. 천성적으로 그 일을 좋아하나 봐.

여행하는 것과 여행 루트를 짜는 것을 둘 다 좋아한다고 했다. 일과 휴식의 동시성, 바쁨과 여유의 동시성, 두 개의 시간이 분리되는 게 아니라 중첩되는 지점이 신선했다.

최근엔 어디를 다녀왔습니까?

이번엔 아이슬란드까지 갔어요. 남들은 오로라 보러 간다던데 난 이끼만 보다 왔어요. 태어나서 그렇게 많은 이끼가 덮힌 곳은 처음 봤어. 올리브 그린부터, 산밑 그린까지…… 빛에 따라 달라지는 그린의 모든 걸, 아이슬란드에서 봤죠. 이끼는 놀라운 세계더군요.

햇빛에 바랜 양철집들도 좋았어요. 우리나라 60~70년대 풍경과 북유럽 느낌이 섞인……. 화이트 컬러 하나에도 100가지 배리에이션이 있더군요. 그렇게 저장된 기억이 어느 순간 쑥 디자인으로 풀려 나와요.

여행으로 감각을 업데이트하는 것 외에 시대와 호흡하기 위해 또 무슨 노력을 하나요?

세상을 많이 들여다봐요. 종이 신문과 유튜브로. 종이 신문은 예전엔 다섯 개 봤는데, 지금은 종합지, 경제지 합쳐서 네 개만 봐요. 잉크 냄새도 맡고, 한 장 한 장 넘겨 가며 통으로 정제된 이슈를 소화하죠. 유튜브에선 세상의 온갖 아우성, 날것의 정보를 봐요. 길거리 패션도 보고, 〈연애의 맛〉류의 요즘 사람들 연애하는 것도 보고, 연예 가십이나 정치 채널도 봐요. 세상 돌아가는 걸 다 보죠. 옷을 제일 안 찾아보고, 젊은이들이 사랑하는 모습을 가장 많이 보나 봐. (웃음)

어쩌면 사랑하는 모습을 담은 유튜브를 많이 보는 것도 지춘희 룩의 본질과 연관이 있는 것 같습니다. 한때 지춘희 스타일은 '청담동 며느리룩'을 만들어 냈지요. 드라마 〈청춘의 덫〉의 심은하, 〈불꽃〉의 이영애 의상의 단아함이 기억나는군요.

(미소 지으며) 청담동 며느리룩은 그냥 갖다붙힌 말이에요. 나대는 옷이 아니니까. 내 옷의 특징이 그래요. 대놓고 들이대질 않아. 들이대는 옷은 노골적이고 또 뭐가 주렁주렁 붙잖아요. 내 옷은 반듯하지만 관능적이기도 한데, 그게 그 안에 '바람 구멍'이 있어서예요. 아무튼 내숭 떠는 옷은 확실히 아니에요.

개인적으로 저는 여배우 장진영이 청룡영화제에서 입었던 물방울 무늬 드레스나 영화 〈청연〉의 의상을 좋아해요. 장진영은 새 작품 들어갈 때마다 가장 먼저 선생을 찾아뵌다고 제게 얘기했는데, 당시에 두 사람이 많이 닮았다고 느꼈어요.

요즘도 진영이를 생각하면 잠이 안 와요. 영화 〈소름〉 때부터 봤는데 열정도 감각도 탁월해서, 대본 놓고 같이 머리를 싸맸어요. 마지막 드라마까지 같이했죠.

가까이하면 닮는다고 했던가. 지춘희의 얼굴을 가만히 들여다보면, 여백이 고왔던 심은하도, 새초롬했던 이영애도, 때론 '보스' 같던 고현정이나 진취적인 장진영, 이나영의 개구진 눈빛까지 담겨 있다.

한때 패션연예계에 '지춘희 사단'이라는 말이 유행했습니다. 지춘희 옷을 입어야 드라마도 뜨고, 시상식에서 상도 받는다고요. 그래선지 선생 주위엔 늘 톱스타가 모여 있는 것 같습니다.

(손사래를 치며) 아유, 그런 거 없어요. 연예인은 늘 무소식이 희소식이야. (웃음)

사람을 가까이할 때 무얼 중요한 가치로 보십니까?

진실성이요. 나는 당최 그 속을 모르겠는 사람은 불편해요. 명백한 게 좋아. 옷이든 사람이든.

좋아하지 않는 사람은 어떤 스타일인가요?

나는 제일 싫어하는 게 바쁜 척하는 거예요. 일하는 거 티 내면서 수선 떠는 사람이 제일 안쓰러워. 바빠도 여유 있어 보이려고 해요. 쉽진 않아요. 일단 정리가 잘 돼 있어야 해요. 오거나이즈가 중요하죠. 수백 가지 액세서리에 1밀리 디테일에도 달라지는 게 패션쇼고 옷이에요. 정리가 안 돼 있으면 카오스죠. 그래서 내가 직원들에게 하는 잔소리도 늘 "정리해라"예요.

나른한 말투로 여유 있게 상대의 긴장을 풀어 주는 지춘희식 애티튜드의 비결은 정리정돈이었다.

불안해서 설치는 사람을 보면 대개 자기 정리가 안 돼 있어요. 여럿이 협력해서 일하려면 순서를 정하고, 이것저것 조합해서 순식간에 디렉션을 내려야 해요. 평소 훈련이 돼 있으면 연결이 부드럽죠. 막힘이 없어야 즐겁잖아요.

생각해 보면 지춘희 쇼는 그 바쁘고 정신없는 와중에도 모델들과 꼭 백스테이지에서 샴페인 한 잔을 마시고 쇼를 시작했어요.

그랬죠. 그런데 요즘엔 쇼장에 샴페인을 못 갖고 들어가요. 냉수 한 잔 마시고 하죠. (웃음)

일하는 데 즐거움은 어느 정도 중요한 요소인가요?

가장 중요해요. 어느 정도인가 하면 남들은 쇼 하면 직전까지 디자이너가 뭘 자꾸 더하려고 한다는데, 난 쇼 끝나면 뭐 먹을까를 생각해요. 옥상에서 샴페인 따고 고기 굽는 거, 좋아해. 직원들, 모델들, 고객들, 기자들 다 어울려서 감사를 나누죠. 나더러 늘 당당한 여장부라고들 하는데, 그게 다 먹는 거, 먹이는 거 좋아하는 기질에서 나오지 않았나 싶어요.

지춘희는 충북 충주에서 나고 자랐다. 입고 먹는 걸 좋아했던 집안 분위기 덕에 실제 경제 능력보다 풍요하다고 느끼고 살았다. 타고난 멋쟁이였던 엄마는 소녀 지춘희에게 철마다 원피스를 지어 입혔고, 친정인 부산에서 귀한 생선을 공수해 먹였다. 중학생이 되어 서울로 오기 전까지 자연 속에서 매일이 잔칫날 같았던 유년이 그에게 즐거운 기억으로 남아 있다.

잘 먹고 잘 입었던 유년의 경험이 90년대 말 청담동 '살롱 문화'를 만드는 데 영향을 미쳤겠네요.

그렇죠. 나는 좋은 사람들이 모여서 즐기면 좋은 동네가 된다는 믿음이 있어요. 그게 내가 하고 싶은 거야. 자기가 하고 싶은 거 해야 만족도가 높다잖아요? 처음 자리 잡은 곳은 명동. 스물일곱 살에, 일찍 시작했죠. 친구가 신혼여행 갈 때 입을 옷을 해 달래서 만들어 줬는데, 그게 소문이 나서 사람들이 모여들었어요. 진태옥, 이신우 선생님이 명동을 개척하던 시절이었죠. 그 뒤에 청담동으로 왔고, 그때의 흐름이 성수동까지 이어지고 있는 거 고요.

동네에 콘텐츠를 심는 디벨로퍼 역할을 한 셈입니다. 그런가요. 그래도 나는 내가 직접 쓰지 않는 공간은 한번도 사본 적이 없어요. 항상 동네가 우선, 사람이 우선이었어요. 모든 일은 무리해서 억지로 하면 안 돼요.

해외 진출을 하지 않은 것도 같은 맥락인가요? "난 한국에서 인정받는 것으로 족하다"고 말했다는 얘기 를 들었습니다만. 해외 진출 시도를 안 한 건 아니었어요. 중국 시장은 결제방법 이 좀 복잡했어요. 나랑 안 맞는구나 했죠. 뉴욕은 쇼룸 정도는 무리 없지만, 제대로 하려면 홍보마케팅에 투자 비용이 아주 높 더라고요. 하려면 제대로 해야지, 어설프게 하고 싶지는 않더라 고. 실용적으로 판단해서 생각을 접었어요.

일찍부터 해외로 나갔던 1세대 디자이너인 노라노, 진태옥 선생과는 좀 결이 다른 삶이었습니다.

그분들은 사명감을 갖고 열심히 개척하며 사셨어요. 나는 또 내 식대로 열심히 살았죠. 중요한 건 나는 한국 여자고, 한국 여자 몸을 내가 좀 잘 알아요. 평생을 한국 여자만 탐구했으니까. 체형의 장단점을 속속들이 알고 있으니 감추고 싶은 것, 보이고 싶은 것을 라인으로 잘 정리해요. 정교하면서도 재밌게요.

옷 하나를 만들며 밥 먹고 숨 쉴 공간까지 다 생각한다고 했다. 하지만 너무 고심해서 만든 것 같은 옷도 좋아하지 않는다. 여행 후 단숨에 머릿속에 떠오르는 디자인. 그런 디자인이 자연처럼 오래간다는 생각이다.

　선생에겐 자연스러움이 중요한 정서이자 철학인 것 같습니다. 자연스럽다는 건 한편 '부족함을 안다', '자족한다'는 뜻이기도 하지요.

글쎄요. 대답이 될지 모르겠지만 나는 옷이 너무 작품처럼 칭송받으면 좀 거북했어요. 늘 상업적인 결과물이라고 생각했죠. 살아 보니 심플하게 내 직업에 충실하게 사는 게 남는 거예요.

　1979년 미스지콜렉션을 론칭했으니, 곧 있을 패션쇼는 40년을 이어 온 기념비적인 쇼입니다. 특별한 감회가 있으신가요?

제대로 확신을 갖고
밀어붙이는 사람만 있으면
의외로 일이 쉽게 만들어지죠.

40년을 해도 늘 같은 마음이야. 닥치면 늘 끙끙대요. 남이 칭찬
해도 제 눈엔 모자란 것만 보이죠. 대신 쇼 끝나면 깨끗이 잊어
요. 무 자르듯 단칼에.

　　전성기는 언제였나요?
늘 전성기였던 것 같아요. 난 그렇게 느끼고 살았어요.

　　돌아보니 아쉬운 것은 없습니까?
없어요. 나빴던 일은 돌아서면 다 잊어버려요. 애초에 나는 뭐
가 돼야지, 라고 생각한 적이 없어요. 계획적으로 살지도 않았
죠. 그때그때 주어진 대로 만들 수 있는 옷을 내보내면서 살았
어요. 꾸준하게 입지를 다져 가면서. 함께 나이 들어가는 후배
들을 마음으로 응원해 가면서요.

　　젊은이들과 늘 가까이 지내시는 비결이 있나요?
여행이든 밥이든, 내가 누리는 건 함께하려고 해요. 식당이나 호
텔에 가면 종업원에게 따로 인사하고 팁도 빼먹지 않죠. 어려운
일이 아니에요. 상대 입장에서 생각하면 세상 모든 일이 쉽게 풀
려요. 오지랖도 좀 넓어요. 얼마 전엔 전국의 소시장을 돌아다
니며 좋은 소를 고르는 청년을 TV에서 보고 전화했어요. 고기
좀 가져와 보랬죠. 맛을 보니 괜찮아서 내가 아는 대형 유통라

인을 소개했어요. 전국적으로 판매 루트를 뚫어 준 거죠. 열심히 사는 젊은이들을 보면, 나는 그 모습이 너무 예뻐서 뭐라도 해 주고 싶어요.

삶에 만족하세요?

만족해요. 즐겁게 일할 수 있다는 게 축복이죠. 물론 뒤에선 절망도 숱하게 하지만. 하하.

태어나서 가장 잘한 일은 패션디자이너가 된 것, 자식을 낳은 것이라고 했다. 지춘희와 이야기를 나누다 보면 사는 게 크고 원대한 사명을 이루는 게 아니라, 수시로 즐거움을 찾고 젊은 세대를 위해 소소한 도리를 다하는 것이라는 생각이 든다.

인터뷰를 끝내고 그녀와 서울숲을 걸었다. 동네 사람들만 간다는 수수하고 한적한 습지를 통과해 골목길 오토바이 가게 앞에서 헤어졌다. 이웃 청년들과 서서 한담을 나누는 모습을 보니, 지춘희에게 가장 어울리는 별명은 골목대장이 아닌가 싶었다. 40년간 블루오션으로 남은 이 도시의 골목대장. 혹 허리 굽은 할머니가 되어도 영원한 들꽃 같은 '미스지'로 남을 우리들의 지춘희.

2019년 9월

노후대비는
돈이 아니라
일로 하는 거예요

개그맨 전유성

유튜브에서 전유성이 마흔 살에 했던 스탠드업 코미디 〈위기의 남자〉를 봤다. 폭소와 미소의 경계에서 진지하게 노니는 그에게 지나가던 사람이 훈수를 뒀다. "쯧쯧. 자네도 이제 돈 벌어서 노후대책을 해야 되지 않나?" "그래? 자네는 계속 돈을 벌며 노후를 대비하게. 나는 일을 하면서 노년을 맞을 테니. 내 노후대책은 돈이 아니라 일이야."

순간 정수리가 깨지는 듯한 충격이 왔다. 노후의 괴로움과 노년의 즐거움을 분리하는 저 지혜를 전유성은 40대 때 이미 알았구나.

"내 노후대책은 돈이 아니라 일"이라는 전유성의 말장난 같은 선언은 돈 되는 일보다 재미난 일을 좇는 그의 다양한 행적으로 이어졌다. 일찍이 개그맨에서 문화기획자로 일의 범위를 넓힌 그는 인적이 드문 지방 소도시에 코미디 극장을 세우고 문화행사를 열어 사람을 불러 모았다.

문득 90년대 인사동의 이정표 역할을 했던 전유성의 카페 '학교종이 땡땡땡'이 떠오른다. 그가 칠판에 써 놓은 교훈은 '공부해서 남 주자'다. 공유가 최우선 가치인 21세기 시민사회를 뚫고 본 듯 예지력 있는 유머가 아니던가. 전 MBC PD였던 주철환은 이런 전유성을 일컬어 "괴짜의 천재성을 지닌 사람"이라고 했다.

그의 데뷔 50주년을 기념하는 쇼 〈전유성의 쇼쇼쇼-

사실은 떨려요〉를 보았다. 상식을 뒤집는 공연이었다.

자신의 이름을 건 두 시간짜리 쇼에 정작 주인공이

11분만 나오는 경우는 처음 봤다. 조혜련이 골룸 분장을

하고 좌석을 안내하고 클래식 연주자들이 함부로

공연을 저지당하는, 이 본격적인 주객전도 쇼의 배후엔

멀대처럼 키 큰 노신사, 전유성이 있었다.

'코미디'와 '예능' 사이의 어디쯤 '개그'라는 신조어를

이식한, 놀라우리만치 쇼맨십이 없는 예측불허의

쇼맨을 만났다. 그가 이번 인터뷰에서 가장 많이 쓴

단어는 "후배들"이었다. 그 후배들에게 가장 많이 쓰는

말은 "너는 잘될 거야"와 "나라고 어떻게 다 아니"다.

"후배들에게 판 깔아 주고 덕담해 주는 건 선배의

기본"이라고 했다.

〈전유성의 쇼쇼쇼 - 사실은 떨려요〉를 봤어요. 전유성 단독쇼를 기대하고 갔다가 번호표 들고 줄서듯 대기 중인 초호화 출연자들을 보고 깜짝 놀랐습니다.

사실 그동안 살면서 내가 남들보다 못 웃겼어요. 후배들이 대놓고 그러잖아. "지가 웃겼나? 후배들이 웃겼지." 그런데 난 항상 정사보다 야사에 남기를 바랐어요. 이번에 50주년 기념 쇼도 후배들이 작당해서 만들어 놔서 나는 스트레스를 엄청 받았죠. 두 시간 중 내가 못해도 50분은 스탠딩 코미디를 해야잖아. 그런데 이영자, 이문세, 옹알스, 심형래, 임하룡…… 출연진이 막 밀려들다 보니, 나중엔 나한테 잃는 소리를 해요. "형님, 시간이 없으니 형님은 한 7분만 하시죠."

코미디, 노래, 마술로 구성된 이 쇼는 전유성과 그의 우산 아래서 자란 후배들이 펼치는 버라이어티 칠순잔치였다. 막전극, 막간극, 막후극까지…… 인해전술이라고 불러도 될 정도로 무대로 쏟아져 나오는 역대급 출연진에, 〈전유성의 쇼쇼쇼〉라는 이름을 단 이 쇼의 게스트는 오히려 전유성으로 보였다.

마술사 최현우부터 배우 박중훈까지, 각자 겪은 전유성과의 일화만으로 쇼를 만들어도 재밌겠다 싶었어요. 〈고도를 기다리며〉처럼 결국 오지 못하는 전유성

을 기다리며. (웃음)

(손을 휘저으며) 말도 마세요. 이 친구들이 나를 얼마나 '디스'
하는지. 다들 세밀한 일들을 잘도 기억하고 있더구먼. 임미숙이
는 김학래와 결혼할 때 내가 두 사람 이름 들어간 문패를 만들
어 선물했다던데, 나는 기억도 못 해요.

후배들에게 사랑받는 비결이 뭡니까?
'삥'만 안 뜯으면 됩니다. 일 연결해 주고 소개료라고 돈만 떼먹
지 않으면 돼요.

사심이 없으시군요.
선배가 후배 사랑하는 건 당연하지. 길 열어 주는 건 기본이에
요. 다들 바빠서 못 했을 거야. 난 다른 일 할 게 없으니까 했죠.

요즘은 각자도생이라 제 욕심만 채우기도 바쁩니다만.
(눈을 크게 뜨며) 나도 욕심 많아요. 운동을 잘했으면 좋겠어.
마술도 좀 더 잘하고 싶고. 그런데 마술은 내 사위가 더 잘하더
구만. 개인지도를 좀 해 줬더니. 그 덕에 내 딸(전제비)이 딴따
라 아버지를 좋아하게 됐어요.

청도에서 남원으로 간 지 1년 정도 됐지요? 남원에서

는 어떻게 지내세요?

쉬고 있어요. 누워서 뒹굴뒹굴해요.

평화롭군요.

평화롭지. 근심할 일이 있나. 시골 살면 좋은 게 뭔지 알아요? 보기 싫은 사람이 온다고 할 때 도망갈 핑계가 있어. "어쩌냐? 나 마침 서울 가는데?" (웃음)

문득 궁금합니다. 개그맨은 언제 어디서든 웃겨야 한다는 강박이 있나요?

본능적으로 그래요. 중요한 얘기하다 웃긴 이야기로 빠지면, 웃긴 이야기가 더 중요해져요. 오죽하면 이용식하고 〈코미디클럽〉 상의하려고 만났는데, 농담 따먹기만 하다 끝났어. 집에 가면서 이상한 기분이 들어. '내가 웃긴 얘기하려고 서울까지 왔던가.' 그런데 그렇게 서로 실없이 웃기다가 아이디어가 나오거든요.

쇼의 부제가 '사실은 떨려요'였는데, 어찌 보면 50년 내내 한결같이 어눌하게 긴장한 모습입니다.

항상 어색해요. 잘 못하니까 떨리고 조심스러운 거죠.

새가슴인가요?

천성적으로 새가슴이죠. 난 농담할 때도 남한테 상처 주는 말은 안 했어요. 대개 "농담인데 데 왜 화를 내?" 그러는데, 상대가 불쾌해하면 그거 유머 아니에요. 농담의 기본은 쌍방향. 그래서 외모나 신체를 비웃는 건, 조심해야 해. 실수하면 바로 사과해야죠.

기분 좋게 웃겨야 한다?

가능하면 정직하게. 정직하게 고백하면 나는 못하는 게 정말 많아요. 길도 잘 몰라 길치, 방향치예요. 어느 날 가만 생각해 보니 나를 제대로 정의하는 말은 '삼치'더라고.

삼치라니요?

삶치. 삶이 뭔지, 내가 잘 살아왔는지, 모르겠다는 뜻이에요.

물 만난 고기처럼 주변에 사람이 모이던데요. 삶을 잘 살았다는 증거 아닌가요?

그렇지도 않아요. 50주년 기념 공연한다니 다들 좋은 얘기만 하는 거죠. 모이는 게 별건가? 먼저 연락하면 되는 거예요. 어떤 선배들 보면 후배한테 "왜 연락을 안 하니?" 그러는데, 그거 이상한 거야. 궁금하면 자기가 먼저 연락하면 되거든. 서수남 씨

"나는 내가 꼰대라는 걸 부정 안 해요. 다만 내가 모르는 게 많다는 건
인정해요. 후배들이 심각한 걸 물어보면 내 대답은
'나라고 어떻게 다 아니?'예요."

사진© 이태경

도, 김도향 씨도 선배인데 "어떻게 지내니?" "아프니?" 하며 먼저 연락들을 하세요.

> **'후라이보이' 곽규석 선생의 원고를 써 주다가 개그맨이 되셨어요. '개그계의 단군'에게도 좋은 스승, 선배가 있었다는 게 놀랍더군요.**

어릴 때 친구들이 '후라이보이 2세'라는 별명을 붙여 줬는데, 그게 각인이 됐던가 봐요. 성인 돼서 코미디언이 되고 싶은데 막상 찾아갈 사람이 없었죠. 그때 방송국에 몰래 들어가서 화장실 가는 곽규석 선생을 붙잡고 막무가내로 내가 대본을 써드리겠다고 했어요. 그렇게 해서 시작했어요.

스승의 이야기를 할 때는 자신의 유전자 중 가장 좋은 뿌리를 찾은 것처럼, 자랑하고 싶어 말이 빨라졌다.

후라이보이 선생은 검소하고 인자하신 분이었어요. 큰돈을 저한테 맡기셨는데 중간에 한번도 얼마 남았냐고 안 물어보셨어요. 사람 만날 땐 찻값 아깝다고 식당에서 만나고, 정동에서 남산 KBS까지 걸어 다니셨지. 그런데도 선생님 기사는 다른 기사보다 자기 월급이 가장 많다고 자랑을 했거든.

언제 내가 스승을 닮았다고 느끼세요?

나도 약속하면 찻집에서 안 해요. 교보문고에서 하죠. 그 덕에
경상도 전라도 각 지역 교보문고는 어딨는지 다 알아도, 시내
딴 곳은 아는 데가 없네. 사실 곽규석 선생님은 '코미디는 이런
거야' 가르쳐 준 적은 없어요. 그분은 고급 코미디 할 때나 극장
쇼 할 때나 다 맞춤으로 하셨어요. 노래도 외국어도 원맨쇼도
다 되신 분이죠. 안타깝게도 나는 그게 다 안 됐어요.

스승과 비교하면 좌절이 컸겠습니다.

나는 그랬죠. 반면 후배들을 보면 그 재능과 열정이 어마어마한
거예요. (신이 나서) 안 시켜 줘서 못하지 시켜만 주면 다들 날고
기었죠.

**이영자, 이문세, 신봉선, 안상태 등등 수많은 후배를
데뷔시켜 준 것으로 압니다.**

그냥 내가 먼저 발견했을 뿐이에요. 나 아니라 누구한테 발견됐
어도 잘됐을 친구들이에요.

방송사 공채에서 여덟 번 낙방한 이영자가 2000만 원 싸들고 방송 출
연시켜 달라고 전유성을 찾아왔다는 일화는 유명하다. 그에게 훈련받
은 이영자는 4개월 후 MBC에 특채로 뽑혀 들어갔다. 그때 그 돈, 받을

걸 그랬다고 전유성은 종종 농담을 했다.

주변에선 '현자'라고 부르는데 본인은 정작 '잔머리꾼'이라고 한다지요?

맞아요. 잔머리꾼. 잔머리를 굴려서 세상을 좀 다르게 보는 거죠. 다들 청춘물 주인공 하려고 하는 20대 때도 나는 아저씨, 노인 역을 공략해서 오래갔어요. 내 화법도 알고 보면 잔머리야. 난 평소에 시집을 많이 읽어요. 값도 싸고 몇 번씩 봐도 다른 게 보이거든. "소금은 바다의 사리다" 이런 표현 정말 근사하지 않아요?

김용택, 안도현, 이정록…… 서정 시인들의 시를 주로 읽는다고 했다. 코미디의 감수성을 시의 감수성에서 수혈한다는 대목에서 무릎을 쳤다. 요즘엔 박경리 선생의 《토지》를 20년 만에 다시 읽으니 새롭더라고. 전유성은 베스트셀러 저자이기도 하다. 색다른 스타일의 현대적 삼국지 《전유성의 구라 삼국지》 10권을 펴내기도 했다.

어떻게 하면 세상을, 사물을 다르게 볼 수 있습니까?

난 애들처럼 생각해요. 루브르 박물관 가면 다들 그림만 보잖아요. 난 액자만 보거나, 앉아서 그리는 어린 애들만 보고 오는 식이에요. 남들 안 하는 생각을 하면 즐거워. 학창시절에도 교장 선생 훈화할 때 벌이 날아들면 다 움츠리는데, 난 그 순간 벌이 교장 선생님 대머리를 쏘면 어떨까, 공상을 했어요.

더불어 세상만사에 '왜?'라는 질문을 수시로 던진다. 32만 명의 관광객을 지방 도시 청도로 불러 모았던 〈개나 소나 콘서트〉도 바로 그 '왜?'에서 탄생한 프로젝트다. '반려동물 때문에 여름휴가를 못 간다고? 왜?'라는 질문으로 개와 고양이를 데리고 함께 즐기는 콘서트를 만들었다. 사람도 동물도 다 기뻐 아우성이었다. 20명 이상만 코미디를 주문하면 밤 11시에도 공연을 해 주는 심야극장도 그런 발상의 전환이 만들어 낸 결과물.

꼰대 기질은 없습니까?

나는 내가 꼰대라는 걸 부정 안 해요. 그건 마치 늙는 걸 부정하는 것 같거든. 다만 내가 모르는 게 많다는 건 인정해요. 후배들이 심각한 걸 물어보면 내 대답은 "나라고 어떻게 다 아니?"예요. 결혼식 주례사할 때도 마찬가지야. 지금 하는 온갖 좋은 말은 기억도 못 할 테니, 문제 생기면 찾아오라는 거죠. 적어도 내가 같이 고민해 줄 수는 있으니까.

자신이 꼰대라는 건 개그맨 뽑아 놓고 교육시킬 때 깨달았다고 했다.

어느 날 둘러보니, 나 혼자 떠들고 있더라고. 말도 안 되는 거지.

그 즉시 나는 입 다물고 후배들 시켰어요. 말 터지니, 신봉선이고 김대범이고 안상태고 그 친구들이 진짜 웃기더구만.

잘 웃지 않고 인상 쓰는 모습을 보면 일본의 코미디언이자 배우인 기타노 다케시가 떠오릅니다.

에이, 기타노 다케시와 난 비교가 안 되죠. 오히려 남희석이나 박준형이 잘 훈련하면 그 정도는 될 거야. 연기도 아이디어도 되는 친구들이니까. 나? 난 연기를 못해요. 받쳐 주는 역할을 주로 했죠. 아이디어를 잘 살리는 건 최양락, 연기력은 임하룡이 뛰어나. 장동민, 유세윤은 유상무가 받쳐 줘서 살았고, 〈졸탄쇼〉도 옆에서 리시브를 해주니까 한현민이 스트라이커가 돼요. 콩트도 인생도 다 그런 조화가 있어요.

그는 키 184센티미터로 탤런트 시험에 네 번 떨어진 후 개그맨이 됐다.

생각해 보면 특출한 쇼맨십도 없는 분이 어떻게 은퇴 없이 50년을 이어왔을까요? 불가사의입니다. (웃음)

하하하. 그러니까 내가 희망을 주는 거죠. 저렇게 연기 못해도 버티니까 되는구나. 후배들은 계속 나오고, 나는 경쟁 상대가 안 돼요. 그 열정과 재능이 말도 못 하거든. 수천 명 중에 몇 명 뽑히는 애들은 운이 좋은 거예요. 떨어졌다고 못하는 친구들이 아니야. 심지어 그 친구들은 떨어졌다고 겁도 안 먹어요. 계속할 거니까. 그렇게 들어온 애들은 가수고 배우고 개그맨이고, 언젠가는 돼요. 때가 지금이냐, 나중이냐만 차이가 나죠.

그에게 던진 질문의 답은 늘 후배들로 그 주어가 바뀌어서 돌아왔다. 어쩌면 50년 장기근속의 비밀은 '나'로 시작하는 영광의 주어를 '후배'라는 주어로 대체시켰기 때문이 아닐까. 전유성이라는 이름은 잊을 만하면 TV 프로그램 어디에선가 후배 방송인들의 일화에 호출되곤 했다. 그것은 뿌린 대로 거둔다는 자연의 이치이자 동시에 '선의의 영향력'으로 호명되는 영리한 회춘이기도 했다.

    후배들이 그렇게 좋으세요?
그건 좋고 말고가 아니에요. 나는 선배니까 방송국에서 애들 만나면 "넌 언젠가 잘될 거야!" 수시로 얘기해 줘요. 그 한마디에 많이들 힘을 얻나 봐. 그런데 다들 저한테만 한 줄 알고 "전유성 선배님이 용기를 줬어요" 그러는데, 아니야. 다 해 줬어요. (웃음) 난 선배니까. 자리 깔아 주고 덕담해 주는 건 당연한 거죠.

    최근엔 넌버벌 코미디팀 옹알스의 비행기 값도 대 주셨다고요?
(단호하게) 와전된 거예요! 옹알스가 영국 에든버러 페스티벌

에서 수상자로 초청을 받았는데, 비행기 값이 없어서 못 간다는 얘기를 들었어요. 그래서 얼만지 묻고 천만 원을 내가 빌려줬지. 그런 어려움은 겪어 봐서 아니까. 암튼 차인표가 그 고생담을 다큐멘터리 영화로 찍어서 전주영화제에 올렸는데, 화면이 거칠면서 아주 생생하더라고. 그런데 그 친구들, 이미 돈 다 갚았어요. 내가 쾌척한 게 절대로 아닙니다.

가슴이 참 넓으시군요!
무슨 말이에요? 새가슴이라니까!

새가슴이 오지랖 넓게 사는 이유는 또 뭐지요?
그거 말고 할 일이 없다니까. (웃음) 그게 즐겁지 않아요? 개네가 잘돼야 내가 야사에 남지.

개그맨이라는 직업에 애환은 없으세요?
연예인한테도 연예인은 따로 있어요. 언젠가 대운동장에서 연예인들을 소개하는데 "코미디언입니다!" "가수입니다!" "영화배우입니다!" 했더니 우레처럼 박수가 쏟아지는 사람은 죄다 배우들이야. 폼 나잖아요. 과거엔 코미디언 이주일이 납세 1위다, 하면 대단해 보이기도 했죠.
서운할 때도 있었지만 지금은 아니에요. 원래 웃음의 본질이 빠르고 직설적이에요. '핵노잼', 이러면 끝이거든.

학창시절엔 어떤 아이였습니까?

이쪽 계통 사람 중 유일하게 오락부장을 안 했던 아이였어요. 중2 때 구봉서, 곽규석 흉내 내서 콩트를 한 적은 있죠. 대체로 조용하고 남들과 잘 안 어울렸던 것 같아. 성격도 자주 변했지. 변하지 않으면 변비가 생겼으니까. (웃음)

개그계의 아버지, 은인, 천재 중 어떤 표현이 가장 듣기 민망한가요?

천재죠. 내가 보기엔 '마빡이', '우비 소녀', '무를 주세요~' 이런 거 했던 후배들이 천재야. 요즘엔 송준근이가 천재적으로 웃기더구만.

여섯 살이었던 딸 제비에게 "그럼 내가 술 사 올 테니, 네가 마셔"라고 했다거나 교과서에서 '사도세자'를 보고 사도를 두 자가 아니라 세 자라 했으니 맞춤법이 틀렸다거나…… 후배들이 전하는 선생의 일화를 들으면 모든 일상에 다 웃음이 배어 있다는 생각이 들어요.

대개 학교 선생님 흉내 내면서 코미디를 시작하잖아요. 그 친구

초조해질 땐 '한번 하고
끝날 게 아니라 평생 일이다'
생각하면 좀 괜찮아져요.

들이 더 많은 어른을 만났으면 다른 일화도 많았을 텐데…… 방송국에서 만난 웃긴 어른이 나밖에 없으니까, 맨날 내 얘기만 하는 거지. (웃음) 순도 100퍼센트 실화예요. 난 진지한데 다들 웃기게 듣더라고.

'이걸 하면 웃길까 안 웃길까' 초조해질 땐 '어차피 평생 할 거다'라는 생각으로 불안을 무마했다고요. 글을 쓰는 제게도 유익한 조언입니다.

그런 불안은 늘 와요. 가수나 배우는 작업 결과를 보통 3~6개월 후에야 보잖아요. 그런데 개그맨들은 그날 7시 뉴스에 나온 걸 소재로 8시에 코미디를 해요. 자기들이 재밌다고 생각했던 입담이 반응이 안 오면 풀이 죽죠. 그럴 땐 '한번 하고 끝날 게 아니라 평생 일이다' 생각하면 좀 괜찮아져요.

'노후대책은 돈이 아니라 일'이라는 생각엔 변함이 없으신가요?

그 생각을 30대 때부터 했어요. 지금 내 나이 친구들 만나면 일하는 애들이 없어요. 난 돈은 없어도 일을 하잖아요. 좋아하는 일을 계속하다 보면 조금씩 나아져요. 단, 아예 개선의 여지가 없는 일은 안 해요. 방향감각은 제로라서 운전을 안 하잖아.

시골 생활은 만족스러운가요?

사람들이 입버릇처럼 돈 벌어서 고향 가야지, 하는데 시골 가면 오히려 돈 벌 일이 더 많아요. 도시는 심심하니까 영화관, 술집, 카페를 전전하고, 집에 가면 아파트 층수만 올려다보죠. 시골엔 만나는 사람, 보는 자연이 다 아는 척을 해요.

전유성은 남원에서 천만 원 보증금에 50만 원 월세를 주고 산다. 동행한 후배들은 그를 '영원한 월세주의자'라고 불렀다. 최근엔 땅 부자라는 헛소문이 돌았다. 어느 날 사위가 "아버님, 이 일대 땅 다 아버님이 샀다고 소문났어요" 해서 "그래? 그게 어디냐? 내가 산 땅 나도 구경 한번 해 보자"며 나설 뻔했다고.

남원에서도 은근히 청도에서 했던 프로젝트를 기대하진 않습니까?

(심드렁하게) 10년 전에 했던 걸 여기서 왜 또 해요?

그럼, 여기선 뭘 하시려고요?

(눈을 빛내며) 어느 날 우연히 젓갈 집엘 갔어요. 그런데 거기 소금이 걸작이야. 오미자 소금, 와사비 소금 이런 질 좋은 기능성 소금을 만들고 있어요. 그뿐인가. 그 젓갈 집 사장이 '소스 연구소'라고 간판을 바꾸고 일본에서 계란이랑 비벼 먹는 어간

장 소스라는 걸 개발했는데, 기가 막혀요. 얼마나 기특한지 내가 무료로 종신 광고모델 해 주기로 했어요. 난 사실 비싼 사람도 아닌데, 다들 제안할 생각을 왜 못 할까 몰라. (웃음)

구체적으로 무슨 일을 하시겠다는 거죠?

지역에 좋은 제품이 있는데 못 팔고 있으면 내가 나서서 마케팅을 돕고 싶어요. 그 어간장 소스도 일명 대박이 났어요. 그런데 그 이웃이 돈 욕심에 눈이 멀었느냐면, 아니야. 여기저기서 체인점 내자고 와도 자기는 소스 연구해야 한다며 내 사위를 찾아와서 "네가 체인 해라" 그래요. 재밌잖아요. 그렇게 사는 게.

어른이 욕심을 안 내니 그 순한 마음이 퍼지는 거죠.
혹시 스무 살로 돌아가도 지금처럼 살고 싶은가요?

안 돌아갈 거예요, 스무 살로. 언제나 지금이 최고예요. 아니라도 그렇게 생각하려고.

관계가 틀어져서 화가 날 땐 어떻게 합니까?

화가 날 땐 안 만나요. 오해는 세월이 풀어 주는 게 있고 사람이 풀어 주는 게 있어요. 상한 감정은 세월이 푸는 거예요. 당장 바로 잡으려 해도 소용없어. 요즘 나이 드신 분들이 자꾸 세대 간의 벽을 허물어야 한다고 하는데, 그것도 안 될 말이야. 세대 간의 벽은 안 허물어져요. 오히려 차이가 있어야 각 세대가 유지가 되거든.

무슨 말이지요?

젊은 애들한테 "너희도 애 낳아 보면 알아" 그러잖아요. 당장
애도 안 낳았는데, 그 감정을 왜 강요를 해. 때가 되면 다 알아
요. 그전엔 남의 말을 절대 안 들어. 인간은 신과 달라서 완벽하
지 않아요. 그래도 다 다른 상태로 완벽하다고 느끼거든.

정작 선생은 애나 어른이나, 개나 소나…… 다 잘 통
하는 '소통 천재'였잖습니까?

아니야. 불통도 많았어요.

그래도 통할 땐 말할 수 없이 기쁘지요?

그럼요. 나는 남 따라 하는 걸 제일 경계했어요. 남들은 나더러
폐교나 간이역 개조해서 문화공간을 만들어 보라고 많이 부추겼
어요. 그런데 그건 다른 데서 이미 잘하고 있더라고. 그럴 땐 나
까지 그 판에 끼어들면 안 돼요. 반칙이고 뒷담화죠.

난 남이 안 한 일을 할 때 기뻐요. (청도의) 심야극장도 내가 안
했으면 천 명 넘는 사람들이 뭘 했겠어요. 빈 교회 개조해서 카페
안 만들었으면 스님들이 교회 와서 피자 먹는 풍경을 어디서 봤
겠냐고, 허허.

그 생경한 기쁨이 억만금 돈 버는 기쁨하고는 비교가 안 된다고, 전유성이 해맑게 웃었다. 나이 칠십에 지리산 기슭에 월세로 둥지를 틀고 사는 남자. 만년 새가슴으로 오지랖은 태평양인 그가 휘적거리며 여의도 광장을 걸어 나갔다.

2019년 5월

스스로를 평균 이상의
사람이라고 생각하세요

심리학자 옌스 바이드너

당신은 낙관주의자인가, 비관주의자인가. 참고로
말하자면 나는 내가 아는 그 누구보다 비관적이다. 틈만
나면 가부좌를 틀고 앉아 내일의 걱정거리를 사냥하던
부친 덕에, 항상 세상의 부정적인 부분에 초점을 맞추고
살았다. 미래를 향한 비극적인 가설은 꽤 학습효과가 있어
한시도 긴장을 늦출 수 없었고, 요행히 최악의 상황은
비껴간 채 간신히 평균적인 삶을 유지하고 있다. 문제는
매사 노심초사하며 살다 보니 삶이 늘 기진맥진 상태라는
것. 더불어 공포에 대응하느라 더 나은 미래를 그려 볼
상상력이 빈곤해졌다는 것.

"미래는 인간에게 최고의 축복이자 저주"라고 했던
프랑스의 철학자 다니엘 S. 밀로가 떠오른다. 그가 쓴 책
《미래중독자》에는 호모 사피엔스가 내일이라는 상상력을
터득한 이후 인류는 항상 불확실한 미래에 대한 만성적인
불안에 시달려야 했으며, 이를 극복하기 위해 준비와
계획이라는 개념을 떠올렸다는 내용이 나온다. 알 수 없는
미래를 대비하는 과정에서 축적과 잉여가 탄생했지만,
동시에 현대인은 과잉의 소용돌이라는 지옥과도 대면하게
됐다.

생각해 보면 수렵채집 시대를 지나 지금에 이르기까지,
여전히 인간을 움직이는 두 가지 힘은 내일에 대한

공포 아니면 내일에 대한 기대다. 만약 지금 당신이
삶의 태도를 선택할 수 있다면 내일을 기대하는
낙관주의자가 될 것인가, 두려워하는 비관주의자가
될 것인가.

선택을 돕기 위해 독일 함부르크 대학의 낙관주의
전문가 옌스 바이드너Jens Weidner 교수를 이메일로
인터뷰했다. 그는 "미래를 위한 기회는 현실과 이상
사이 낙관적 중간을 만드는 데 달렸다"고 주장하며 '호모
옵티미스티쿠스Homo Optimisticus'라는 인간형을 제시했다.
"미래는 어차피 좋을 것이라고 믿는 사람만이 그
결과를 처리할 의욕을 낼 수 있다"는 것이다. 그는 독일
낙관주의자 클럽의 대표로《지적인 낙관주의자》라는
책을 출간했으며, 오스트리아, 스위스, 미국, 영국 등을
오가며 기업에 낙관주의를 강의하느라 바쁜 나날을
보내고 있었다.

먼저, 낙관주의란 무엇인가요?

낙관주의는 아직 현실화하지 않은 일을 좋은 방향으로 생각하는 능력입니다. 만사가 잘될 수 있다는 약속을 믿는 것이죠. 중요한 건 막연한 느낌이 아니라 약속이에요.

낙관과 비관이 선택의 문제라면, 낙관주의로 얻을 수 있는 실질적 혜택은 무엇인가요?

유쾌한 기분과 높은 자존감, 긴 수명. 미국의 긍정심리학자 마틴 셀리그만의 분석에 따르면 낙관주의자들은 그렇지 않은 사람들보다 더 오래 살고 평균적으로 더 많은 돈을 벌며 더 많이 성공해요. 일례로 낙관주의자는 심각한 병에 걸려 수술을 하더라도 그 회복 속도가 훨씬 빠르지요.

자기방어적 비관론이 유익할 때도 있지 않나요? 가령 저는 항상 최악의 상황을 가정하고 최소한 그것보다 더 나아지기 위해 노력하는 편인데요.

기대가 낮을수록 실망도 적을 거라는 논리인데 그런 태도는 사람을 행복하게 만드는 게 아니라 작아지게 만듭니다. 실제로 그렇지 않던가요? 불행을 피하는 일에 카타르시스를 느끼는 게 목적이 아니라면, 굳이 자진해서 심리적 비용을 치르며 비관주의를 선택할 이유가 없어요.

그런데도 사람들은 왜 자신의 현재와 미래를 대체로 어둡게 해석할까요?

재앙에 무방비 상태였던 원시시대의 공포 감정이 남아 있어서지요. 공포가 희망보다 생존에 유리했으니까. 잘 지내냐고 물으면 "죽지 못해 산다"고 엄살을 떨어요. 하지만 사람들의 사회생활은 대부분 그들이 표현하는 것보다 낙관적으로 굴러갑니다. 개인사를 따져 보면 가족과 친구들은 버팀목이 되어 주고 수입도 증가하고 있습니다. 낙관보다 비관을 택하는 건 일종의 자기방어적 습관이에요.

책에서 구조조정으로 해고당한 두 명의 사례가 인상적이더군요. 낙관주의자와 비관주의자의 반응이 그토록 다르다는 데 놀랐습니다.

실직보다 실직 이후가 더 중요해요. 낙관주의자였던 나딘은 실직이 자기 탓이라고 생각하지 않았고 곧 취직될 거라고 믿었습니다. 여유 시간이 생기자 그는 외모를 가꾸고 친구들과 깊은 관계를 맺었으며 자녀들과 더 많은 시간을 보내고 조깅을 시작했습니다. 바로 이런 활동이 생기를 불어넣고 새로운 기회를 만들었죠.

반면 비관주의자 카스덴은 실직이 자기 탓이고 재취업은 불가능할 거라고 생각했습니다. 우울증과 부정적인 상상의 극단을 경험했죠. 그는 아무것도 선택하지 않았고 그에겐 아무 일도 일어나지 않았습니다.

현실감각을 겸비한 성공지향적인 낙관주의자를 당신은 '지적인 낙관주의자'라고 정의했습니다. 어떻게 하면 지적인 낙관주의자가 될 수 있나요?

방법은 심사숙고 - 결정 - 추진 - 비판 무시의 4단계 프로세스를 충실하게 따르는 것입니다. 독일이 2차 대전 이후 번영을 이룬 데는 이 지적인 낙관주의의 덕이 큽니다. 지적인 낙관주의자는 기회와 한계를 알고, 최상의 미래를 그리며 남들보다 멀리 갑니다. 독일식 낙관주의는 몇 단계를 거친다는 점에서 미국식 긍정 낙관주의와는 달라요. 위험을 인지한 상태에서도 기회를 포착하고 타당성을 검토한 후, 독일식 터보 엔진으로 드라이브를 거는 식이죠. 그리고 웬만한 역경이 아니면 멈추지 않습니다. 네 개의 동사를 기억하면 좋습니다. "계산하고 결정하고 돌진하고 성취한다." 낙관주의에 숙달된 뇌는 비판받을 때 더 잘 해내려고 합니다.

그러나 아이러니하게도 일상에서는 비관주의자가 좀 더 지적으로 보이는 경향이 있습니다. 허점을 파고드는 독설가들은 왜 그토록 매력적인지요?

"기대가 낮을수록 실망도 적을 거라는 논리,
그런 태도는 사람을 행복하게 만드는 게 아니라 작아지게 만듭니다."

사진 제공: 옌스 바이드너

날카로운 이빨을 드러내고 공격하는 독설가가 우월한 인상을 주는 건 부정할 수 없어요. 비관론자들은 자신이 호락호락 속임수에 넘어가지 않을 거라고 말합니다. 독일도 과학이나 문화 전반을 포괄해서 남들의 업적에 신랄한 의견을 내뱉는 배드 마우스들의 영향을 많이 받는 편이에요. 물론 나는 그런 사고방식을 가진 사람들을 좋아하지 않아요. 스스로 무언가를 만들어 낼 수 없으면서 생산자들의 사기를 떨어뜨리기 때문이죠.

반대로 낙관론자들은 왜 과소평가되는 걸까요?
낙관론자들은 종종 핵심 이슈를 꿰뚫어 볼 수 없는 순진한 이상주의자로 폄하돼요. 하지만 진정한 낙관주의자들은 모든 사태를 제대로 파악하고 있어요. 어떤 생태적인 재앙과 전쟁을 치르지 않고도 세계는 지금보다 더 좋아질 수 있습니다. 그것은 망상이 아니라 상상의 능력이에요. 낙관론자들은 세계를 더 나은 환경으로 만들기 위해 실제로 최선을 다하고 있기 때문이죠. 낙관론자들의 놀라운 능력 중 하나는 거대한 인내입니다.

거대한 인내라…….
실제로 인류는 거대한 인내로 그만큼 보상을 얻었어요. 1990년 19억이던 극빈 인구가 7억으로 줄어들었고, 세계 인구에서 극빈층이 차지하는 비율도 47퍼센트에서 10퍼센트로 줄었어요.

같은 기간 천 명당 아동 사망률도 90명에서 42명으로 줄었고 요. 금융 위기에도 사람들은 예금을 지켰고 독일은 분단 상황에도 결국 통일을 이뤄 냈습니다. 믿기 어렵겠지만 세계는 점차 더 나아지고 있습니다.

정말 인류의 미래가 그렇게 어둡지 않다고 보십니까?
물론이죠. 세계를 논할 때 어찌 됐건 모든 게 잘못될 거라고 얘기하는 사람들의 말은 하나도 믿지 마세요. 벌어지지 않은 일입니다. 이미 생명존중을 위한 대안으로 인공 고기가 개발됐고, 기후 변화에 대한 방안으로 전기자동차가 나왔어요. 민주주의와 복지는 몇 세기 동안 긍정적인 방향으로 발전해 왔습니다.

전 지구적인 테러와 온난화에 대한 비관주의자의 경고는 백해무익한가요?
경고는 유의미하지만 그래서 마치 종말이 올 것처럼 설교하는 건 백해무익해요. 변화를 일으키고 책임을 지고 상황을 개선하는 데 시간을 더 쓰지 않기 때문에요. 그들은 단지 미래의 불행을 과장하고 크게 놀라 소리를 지를 뿐입니다.
과장되게 비극적인 정보는 국민의 행복 능력을 해쳐요. 반면 낙관주의자들은 그런 정보들을 더 나은 미래를 향한 잠재력을 키우는 데 활용해요. 공포에 손 놓지 않고 가정과 일터에서 사소하더라도 상황을 개선하기 위해 최선을 다합니다.

　　유익한 비관론자도 있을 텐데요.

경제나 재난 분야에서는 최악의 상황을 가정하는 비관론자가 국가 안전에 더 유익합니다. 그들의 목표는 위험을 최소화하는 것이니까요.

역사적으로 보면 가장 우아한 비관론자는 프랑스인들이었죠. 1759년에 발행된 볼테르의 베스트셀러 《캉디드 혹은 낙관주의》엔 나쁜 세상에서 고통받는 주인공이 등장합니다. 비참, 슬픔, 야만, 폭력…… 그야말로 인류는 염세주의 말고는 선택의 길이 없어 보이죠. 오늘날 재난영화의 본보기입니다.

엔스 바이드너는 나쁜 세계화와 화폐의 몰락, 미디어가 인간을 저능하게 만들거나 빈부격차가 심해질 거라는 예상도 틀렸다고 지적했다.

　　한편 당신이 제안한 "나를 평균 이상으로 생각하라" 는 지침은 일종의 자기 최면이지만, 꽤 효과가 있었습니다. 자존감이 낮은 사람도 평균 이상 효과를 지속해서 경험할 수 있을까요?

물론이에요. 자존감이 낮아 매사 자신을 탓하고 자기 처벌과 비하를 일삼는 사람일수록 평균 이상 효과Above-Average-Effect는 더

욱 확실해요. 자신을 평균 이상으로 생각하면 상처를 덜 받습니다. '나는 똑똑하고 체계적이고 공정하며 매력적이다.' 물론 왜곡이에요. 그러나 비관주의자는 '실패는 내 탓이며 항상 반복된다'는 더 왜곡된 믿음을 갖고 있습니다.

생각을 바꾸세요. '성공은 내 탓, 실패는 네 탓'이라는 사고방식은 (다른 사람들에게 드러내지 않는 한) 자존감을 높이는 귀여운 속임수입니다. 인지적 자기 왜곡이지만 효과는 좋습니다. 낙관주의자 연구는 우리에게 약간의 과대망상을 권해요. 실행력을 의심받을 때 자기 능력을 조금 부풀려서 생각하면 상황을 더 쉽게 돌파할 수 있습니다.

우울증이 심한 사람도 훈련을 통해 낙관주의자가 될 수 있나요?

어렵지만 불가능한 것도 아니에요. 주변에 명랑하고 낙천적인 사람들이 떠나지 않고 머무른다면, 나쁜 생각이 점차 줄어들 수는 있습니다.

아무리 낙관적인 사람이라 하더라도 걱정과 염려의 순간은 시시때때로 닥칩니다. 낙관주의의 대가인 당신에게도 절망이 찾아올 때가 있지 않나요? 그럴 땐 어떻게 대처하시죠?

내면의 독백을 해요. 머릿속에 비관론 하나를 적고, 그 생각을 보잘것없이 만들어 줄 긍정적인 생각 다섯 가지를 쓰는 거예요. 또 하나의 방법은 내 주변으로 시야를 좁혀 익숙한 곳에서 안정감을 찾는 것입니다. 내가 손에 쥐고 있는 자산, 내 방에 있는 재고는 안정감을 제공해요. 기후 변화로 세계가 뜨거워지고 디지털화로 내 직업이 사라질 거라는 전 지구적인 거대 담론은 예측이 힘듭니다. 정보와 자극을 덜어 내세요. 너무 많은 가능성 앞에 압도당하지 말고 '재고 파악 = 안정성 = 낙관주의'라는 공식대로 행하세요.

한편 종교는 신의 약속과 내세를 이야기한다는 점에서 낙관주의와 연관이 많은 것 같습니다.

종교는 우리에게 죽음 이후의 세계에 대한 영감을 주면서 영생의 희망을 제시합니다. 하지만 낙관주의는 순전히 현실의 좋은 삶에 초점을 맞추고 있으며, 그 점이 더 매력적입니다. 낙관주의자들은 현실감각이 풍부한 생산적인 개인이에요.

"자녀를 위해 한 가지 소원을 빌 수 있다면 낙관주의자가 되길 바라야 한다"라는 심리학자 대니얼 골먼의 말도 매우 인상적입니다. 부모는 자녀에게 어떻게 낙관주의라는 유산을 물려줄 수 있나요?

부모로부터 "너 대체 커서 뭐가 되겠니?" 같은 말을 듣고 자라면 비관주의자 클럽에 입장권을 끊는 것이죠. 아이들은 그들의 실제 외모와 능력보다 더 많은 칭찬을 받을 필요가 있습니다. 아이들이 성인이 되어 좌절에 처했을 때 어린 시절의 칭찬은 그들의 회복탄력성에 큰 도움을 줍니다. 무엇보다 자긍심 가득한 눈으로 표현하는 부모의 사랑의 언어는 훗날 아이들에게 의지할 만한 보험이 됩니다.

당신 자녀도 낙관주의자인가요? 그걸 어떻게 알 수 있습니까?

내 딸(28세)과 아들(21세)은 분명 낙관론자예요. 그들은 미래가 더 밝을 거라고 믿고 열심히 노력합니다. 자기가 연구하는 분야에 대해서 늘 확신이 있죠. 친구 관계도 좋고 무엇보다 자기가 속한 그룹 안에서 밝은 점을 보려고 합니다. 어쨌든 낙관주의자인 나는 내 자녀가 그렇다고 믿고 있습니다. (웃음)

제 가까운 친구는 50세가 넘었지만, 여전히 슈퍼스타가 되거나 로또에 당첨되길 기다리는 철없는 낙관주의자입니다. 그에게 어떤 말을 해 주어야 할까요?

그가 슈퍼스타가 되거나 복권에 당첨되기는 현실적 여건상 어려울지 몰라도, 그는 분명 확신에 찬 낙관주의자예요. 그것만으로

기회가 있을 때마다
난관을 보지 말고
난관에 부딪힐 때마다
기회를 보세요.

도 놀랍습니다. 참고로 나도 매주 복권을 사고 있어요. 일종의 희망의 습관화랄까요. (웃음)

최근에 70세에 책을 출간한 어떤 할머니와 얘기를 나눴어요. 책은 성공했고 그녀는 40만 유로의 돈을 벌었습니다. 성공할 거라는 어떤 보장도 없이 노년에 2년 동안 글쓰기에 매달렸고 끝까지 해냈습니다. 글쓰기에 대한 열정 때문이었죠. 오히려 돈은 보너스에 가깝습니다.

나는 가끔 이런 대기만성형 낙관주의자들을 만납니다. 그들은 그 일이 잘될지 안 될지 대한 어떤 단서 없이도 일단 좋으면 프로젝트를 시작해요. 당신 친구에게 뭐든 시도해서 처음부터 끝까지 완성해 보라고 조언하세요. 그리고 당신은 사랑하는 친구 옆에서 인내심 있게 기다려 주세요.

그는 "낙관주의는 자본주의의 중요한 동력이며, 낙관적 기질은 직장 생활의 모든 장애물을 뛰어넘는 불굴의 의지"라는 노벨경제학상 수상자 대니얼 카너먼의 말을 여러 번 인용했다.

우리가 아는 유명인사 중 본보기가 될 만한 우아한 낙관주의자를 한 명 소개해 주겠어요?

최근에 한국 여성과 결혼한 독일 정치인을 언급하고 싶네요. (웃음) 그의 이름은 게르하르트 슈뢰더, 독일 전 총리입니다. 그는 과거에 많은 대항 세력과 맞서 싸우면서 이상적인 독일에 대한 큰그림을 그렸어요. 그는 독일이 유럽의 절름발이 오리라고 불리던 시절에 수상이 됐고, 독일은 그의 인내와 집요함 덕에 전 세계에서 가장 성공한 국가 중 하나가 됐습니다.

낙관주의자로서 당신은 삶에 만족합니까?

나는 늘 나를 행운아라고 생각했어요. 지혜로운 아내와 훌륭한 두 자녀와 사려 깊은 사위, 좋아하는 일이 있고 독일에서 가장 아름다운 함부르크에서 살고 있습니다. 그러나 내 생애의 모든 위대한 일들이 우연히 일어나진 않았어요. 나는 행복을 목표로 열심히 일했고, 수십 년간의 낙관주의적 태도가 내 삶에 크게 기여했습니다.

행복은 단순히 일어나는 게 아닙니다. 그것을 위해서 우리는 무언가를 해야 합니다. 나에겐 나만의 기도문이 있어요. 기도문에는 이렇게 쓰여 있습니다. "우리 삶은 아름답고 우리는 그것을 더 아름답게 만들기 위해 일해야 한다."

마지막으로 여전히 비관적 태도를 유지하는 게 더 견딜 만하다고 믿는 사람들에게 조언을 부탁드립니다.

이혼율이 높다고, 폐업률이 높다고 결혼이나 사업을 하지 않는 것보다는 시도하는 게 더 낫습니다.

사실 제대로 진화한 낙관주의자는 인간의 삶이 연약하고 깨어지기 쉬우며 삶엔 고통이 따르고 그 고통이 매우 빈번하다는 것을 이해합니다. 다만 그중 스스로 해결 가능한 부분이 있다는 것을 알 뿐입니다. 문제는 어디서든 돌출될 수 있어요. 기회가 있을 때마다 난관을 보지 말고 난관에 부딪힐 때마다 기회를 보세요.

2018년 9월

—

옌스 바이드너를 인터뷰하고 얼마 뒤 게르하르트 슈뢰더를 인터뷰할 기회가 있었다. 첫 질문으로 바이드너의 말을 전하자 슈뢰더 전 총리는 크게 기뻐하며 맞장구를 쳤다. "전적으로 동의해요. 지적인 낙관주의자라니 멋진 표현이군요. 아내는 저를 행복한 시시포스라고 불러요. 돌이 굴러 떨어져도 지치지 않고 다시 굴려 올라간다고요. 낙천주의자가 아니었다면 제가 분단을 경험하고도 다시 분단 국가인 한국 여성 김소연 씨와 결혼했겠어요? 하하하."

슈뢰더의 말을 전해듣고, 바이드너는 내가 둘 사이에 다리가 되어 준 것에 깊이 감사했다. 얼마 전 빌 게이츠가 미국의 모든 대학생들에게 선물해서 화제가 된 책 《팩트풀니스》의 저자 안나 로슬링을 만났을 때도 나는 옌스 바이드너의 '지적인 낙관주의자' 이론을 신이 나서 설명했다. 그만큼 낙관주의가 전파하는 에너지는 강력했다. 비관주의자들은 습관적으로 공포를 부추기지만 세계는 점진적으로 발전하고 있다. 그게 데이터에 기반한 정확한 팩트다. 낙관주의자들에 촘촘히 둘러싸이자, 비로소 나는 심리적 비용을 치르던 비관주의자에서 점차 벗어나게 되었다.

날씨처럼
끊임없이 변하는 게
나의 감정입니다

정신과 전문의 정혜신

강자든 약자든, 유명인이든 무명인이든, 노인이든
청소년이든, 저마다 관계의 고통으로 소리 없는 비명을
지르고 있다. 공감과 주목을 받지 못한 채 관계를 단절하고
존재를 꺼버린 정신적 사망자는 날로 늘고 있다. 하루가
멀다고 엽기적 갑질은 사회면 뉴스를 도배하고, 흉악범죄를
저지른 사람은 정신과에서 발부받은 우울증 진단서를
면죄부로 들이민다.

바야흐로 모두가 피해의식에 사로잡힌 듯한 집단
히스테리의 날들이다. '거리의 치유자' 정혜신을 만났다.
정신과 의사로서가 아닌 이 사회의 응급의학과 전사로서다.
그는 오랫동안 심리적 트라우마 현장에서 일하면서
자격증을 가진 전문의로서 한계를 느꼈다고 했다.
진료실에서 환자를 상담하고 약물을 처방하는 일괄적인
방식으로 이 사회의 '곪은 상처'를 치유할 수 없었다고.
정혜신은 자신의 고통을 진지하게 대해 주길 바라는 개별
욕구에 집중하면 많은 부분이 해결된다는 걸 알았다.
존재가 희미해져 가는 사람의 마음을 만져 정체성을
회생시키는 이 기법을 그는 '심리적 심폐소생술'이라고
이름 지었다. 방법은 의외로 간단하다. 불안해하거나
침묵하는 상대의 눈을 쳐다보며 "지금, 네 마음이
어떠니?"라는 질문을 던져 주는 것. 단 이 마음의 처치

과정에서 반드시 지켜야 할 룰이 있다. 충고, 조언, 평가, 판단을 금할 것. "네가 그렇게 힘들었는데, 내가 몰랐구나" 망치 같은 각성의 한마디면 충분하다.

가까이서 만나 본 정혜신은 공감에 최적화된 사람이었다. 연민과 집중으로 빛나는 눈동자는 '이 우주에서 지금 당신만큼 중요한 사람은 없다'라는 메시지를 발사했다. 그는 우리가 그토록 원했던 사회적 성공 또한 대체로 세련된 자기 억압의 결과며, 성공한 부모를 둔 자식들은 공통으로 자기 소멸의 위기를 겪는다고 했다. 알고 보면 '금수저'들 또한 정체성의 '투명 수저'로 고통받고 있다는 것.

눈동자가 매우 특이하십니다. 과연 다정한 전사의 눈입니다.

하하하. 그런가요? 얼마 전엔 길에서 만난 한 30대 여성이 저를 알아보고 "선생님, 저 좀 안아 주세요." 그래요. 꼭 한번 안아 주고 헤어졌어요. 그런 분들이 저를 많이 찾아와요.

테레사 수녀도 아니고 어떻게 다 안아 줍니까?

다는 못 하죠. 형편껏 안아 줘요. (웃음)

예상과 달리 정혜신은 상처 입은 자들의 이야기를 듣는 것이 힘들지 않다고 했다. 상상할 수 없이 다양한 이유로 삶이 뻘밭에 빠진 자들의 이야기를 듣는데 왜 힘들지 않다는 걸까?

고통에 빠진 사람과 함께 고여 있으면 같이 빠져 허우적대죠. 그런데 서로 반응을 하잖아요. 내 눈빛, 반응이 가닿으면 상대가 꿈틀거리며 살아나는 게 느껴져요. 처참하게 쓰러져 있다가 조금씩 숨이 돌고 점점 땅을 짚고 일어나는데 그걸 보는 제가 어떻게 힘이 안 날 수 있겠어요?

상대의 힘든 이야기를 듣는 게 보통 사람에겐 감정노동입니다.

젊고 미숙할 땐 저도 그랬어요. 수련 기간 동안엔 그 사람의 상처에 제 설움이 자극돼서 눈물이 터졌어요. 그럴 땐 누구를 위한 눈물인지도 모르죠. 이젠 안 그래요. 속마음을 들여다보면서 오히려 기운을 받아요.

저를 포함해 자기 소멸을 겪는 사람들이 주변에 많습니다. "희미해진 나"라는 표현에 공감이 되더군요.

우리 사회가 전체적으로 그런 공기에 덮여 있어요. 실패한 사람, 성공한 사람 다 마찬가지예요. 가만 보면 사회적 성공은 자기 억압의 결과예요. 성공한 사람은 다른 말로 나를 지우고 조직에 부응하는 촉을 발달시킨, 일종의 뛰어난 생존자지요.

성공이 치러야 하는 혹독한 대가가 자기 소멸이다?

그런 셈입니다. 제가 15년 동안 병원이 아닌 상담 공간에서 대기업 CEO, 정치인, 법조인 등 수많은 사회 지도층들의 속마음을 들었어요. 기업의 의뢰를 받아서요. 고도의 정신노동을 하는 분들의 이야기를 듣다 보면 일관된 패턴이 있습니다. 처음엔 리더십 등에 대해 고민을 이야기하다 점점 자기 모습, 부족함에 직면하죠. 그다음엔 부부, 결국 자식과의 갈등이라는 공통분모에 이르러요. 성공한 아버지를 둔 자식들은 공통으로 자기 소멸의 위기를 겪어요.

정혜신은 성공한 부모를 둔 자식들의 고통을 누구보다 잘 알고 있다고 했다. 아이러니지만, 세상은 공평과 불공평의 저울에서 미묘한 균형을 맞추려는 듯 보였다.

돈 없고 빽 없는 사람들은 그것 때문에 분노와 좌절을 느끼지만, 혜택받은 자들은 또 그 내부에 자기 고통이 있는 거죠. 부모가 가진 게 많아서 자기가 희미해져 버리는. 외형적으론 행복해 보여도 한 존재로는 정체성의 위기를 겪는 거예요.

'금수저' 만드느라 애썼는데 정작 자식은 '투명 수저'로 느끼다니.

장성한 아이가 부모와 맞서거나 망가지는 경우가 허다해요. 성취한들 뭐합니까? 사회적 성공은 외형일 뿐, 존재 그 자체는 아니에요. 그런데 그 외형으로 상대를 흔들고, 상대는 그것에 압도당하니 서로가 안전하지도 편안하지도 않죠. 결국 가진 자도 못 가진 자도 피해자예요. 존재 그 자체에 집중하지 못해서죠.

당신의 자녀들은 어떻습니까? 케임브리지 대학에 들어간 아이, 고졸에 전자제품 판매원을 하는 아이, 대졸에 무직인 아이. 자녀의 삶이 다양해서 놀랐습니다.

큰아이는 대학에 안 가겠다고 했어요. 그애는 살면서 책을 읽는 걸 못 봤어요. 영화나 만화책은 좋아했지요. 지금 전자제품 판매 일을 하는데, 사는 데 지장이 없고 사회적 상식과 균형 감각도 좋아요. 케임브리지 대학에 합격한 막내는 지적인 욕구가 많고 공부를 좋아하죠. 그런데 막내는 어릴 때 자폐아가 아닌가 할 정도로 사회성도 부족하고 말도 느리고 친구도 없었어요. 영국의 서머힐 공동체에 보냈는데, 4~5년을 수업도 안 들어가고 그네 타고 나무 타고 놀더라고요. 오죽하면 열두 살에 한국에 와서도 패밀리 레스토랑 메뉴에 있는 '애플 주스'를 못 읽었어요. 기질적으로 부족한 아이라 거기 선생님이나 저희나 기대치를 낮추고 그냥 상처받지 않도록 보호하며 기다렸어요. 그런데 그 아이가 늦게 트이더라고요. 중3 때 처음 친구를 사귀고, 고1 때부터 세상에 호기심이 생겼어요.

그 어리바리하던 아이가 서서히 자기 일상을 건사하더니, 혼자서 집을 구하고 대학을 알아보고 진로를 찾더라고. 대학을 졸업한 둘째 딸은 비정기적인 문화예술 프로젝트를 하며 구직 중이라고 했다.

　　놀랍긴 하지만, 일반적인 사례는 아닌 듯해요. 자율성을 우선한 대안학교 졸업생들이 사회에 나와 혼돈을 겪는다는 얘기도 들었습니다.

아니요. 충분히 그 존재를 인정받고 사랑받은 아이는 현실을 받

"스스로 '왜 슬프지?' '그랬구나' 묻고 들어 주세요."

아들입니다. 기성사회가 힘들고 부당하다고 느껴도 피난처가 있는 아이는 진짜 현실을 피하지 않아요. 어떤 모습이든 '네가 옳다'고 충분히 인정받고 자라면, 세상을 견딜 에너지가 충분한 거예요. 저희는 막내를 진짜 오래 기다렸어요.

오래 기다린 보상을 받은 건가요?

어쩌면 기다렸다기보다는 그 아이 자체로 자기 모습을 찾은 거예요. 저는 지금 이런 모습이 되지 않았더라도 상관없어요. 덕분에 저희 부부는 아이들 때문에 에너지 소모를 겪지 않았어요. 스무 살 넘으면 특수한 관계의 남남이죠. 대학 다닐 때도 학비 외에는 자기들이 아르바이트해서 생활했어요. 덕분에 고졸 판매원 아이가 제일 부자예요.

자녀에게 가장 많이 해 준 말은 뭐죠?

말해 주지 않았어요. (웃음) 묻고 들어 줬죠. 요즘 네 마음이 어떠니? 어떻게 지내니? 불편한 건 없니?

정혜신은 대화 중에 '에너지가 남는다'는 말을 여러 번 반복했다. '에너지가 남는다'는 말은 '지갑에 돈이 마르지 않는다'는 말처럼 비현실적으로 들렸다. 에너지가 남는 이유는 불필요한 소모를 하지 않기 때문이라고 했다.

그렇게 나누고도 에너지가 남는다면 체력이, 정신력이 남다른 건가요?

다들 자기 기가 빨리는 소모처가 있어요. CEO들은 자식과 전쟁을 치르며 투쟁하듯 살죠. 어떤 사람은 부동산과 주식 투자에 열을 올리고요. 저는 그럴 일이 없었어요. 주식 투자로 돈 날리지 않아서 돈 굳었다고, 남편과 좋아라 하죠. (웃음) 어떻게 살아야 할지 깊이 생각하고 정리해야 에너지 낭비가 없어요. 그 비결이 존재 그 자체에 주목하는 거예요.

존재가 뭡니까?

내 마음, 내 느낌, 끊임없이 변하는 나의 감정입니다.

재미철학자 전헌 선생도 "자기 감정을 아는 것이 철학의 전부다"라고 했습니다. 서양 철학자 스피노자는 마흔여덟 가지 감정을, 동양철학자 퇴계는 '희노애락애오욕' 일곱 가지 감정을 핵심으로 인류를 설명했지요. 하지만 철학이 아닌 정신의학을 전공한 당신이 "네 존재가 곧 감정이다"고 하는 말은 또 다르게 다가옵니다.

근원적 코드는 존재에 대한 주목입니다. 존재는 감정이고 감정이 옳다는 건 생각이나 행동이 옳다는 말과는 또 달라요. 풀이

하면 '네가 그럴 땐 그럴 이유가 있었겠지' 즉 '네 감정에는 이유가 있다'입니다. 어린 시절에 학대받은 사람은 부모에 대한 분노도 있지만, 연민도 있어요. 적개심과 무력감이 동시에 오지요. 상호모순적이에요.

날씨처럼 예보도 힘들고 이랬다저랬다 하는 게 마음입니다. 그렇게 변화무쌍한 게 사람 마음이고, 그 모든 게 그 사람의 삶입니다. 그 존재를, 감정을 온전히 받아들일 때 관계의 평화가 오지요. 그저 '그때는 그랬는데 지금은 이렇구나' 추궁하지 않고 받아들여야 존재가 살아납니다.

자기 존재를 민폐로 인식하는 청년들이 의외로 많다. 한 사람이 제대로 살기 위해 반드시 있어야 할 스펙이 감정이다. 정혜신은 감정이 존재의 핵심이라고 말한다.

병명을 진단하고 약을 처방하는 의료 전문인인 당신이 그런 결론에 도달하는 게 쉽지 않았을 텐데요.

2003년쯤부터 진료실을 벗어나서 사람을 만나기 시작했어요. 환자가 아닌 상처받은 사람들을 만난 건 저에게 도전이자 축복이었습니다.

어떤 계기로 의사가 진료실을 나왔습니까?

IMF 때 대규모 실업에 관한 보고서를 쓴 게 계기가 됐어요. 당시에 저는 실직자가 아니라 직장에 살아남은 생존자들에 초점을 맞췄어요. 전쟁터에서도 곁의 동료가 죽고 살아남은 자들은 심각한 죄의식과 불안에 시달려요.

남은 자들은 생존에 더 치열해집니다. 새벽부터 공부하고 운동하면서 자기 안전에 절대적인 에너지를 쏟는 거죠. 마구 달린 다음엔 냉소가 찾아와요. 그 보고서를 발표한 후에 기업의 의뢰를 받았어요. 남은 사람들의 심리를 살펴봐 달라는 거죠. 그때부터 진료실의 환자가 아닌 보통 사람을 만나기 시작했습니다. 일종의 마음 관리 회사의 운영자였던 셈이죠.

그가 만난 사람들은 그러나 낮과 밤이 극과 극으로 달랐다. 낮에 만난 사람이 재벌 회장, 대통령 후보자, 판사 등의 사회적 강자였다면 밤에 만난 사람은 해직 노동자나 국가폭력 피해자 등의 약자였다.

낮과 밤의 격차가 그렇게 크면 스스로도 꽤 혼란스러웠을 것 같습니다.

아니요. 저에겐 모두가 각각 하나의 존재로 다가왔어요. 높은 사람도 결국 자식과의 갈등으로 허우적거렸고, 얘기하다 보면 존재의 본질은 다르지 않더군요.

'그때는 그랬는데
지금은 이렇구나'
추궁하지 않고 받아들여야
존재가 살아납니다.

한때 정신과 상담 경험을 글로 쓴《죽고 싶지만 떡볶이는 먹고 싶어》라는 책이 인기였어요. 전문가들의 책보다 일반인의 에세이가 더 환호받는 이유가 뭘까요?

환자들은 대기실에 앉아서 듣는 정보를 가장 신뢰합니다. (웃음) 내 처지에 있는 사람들의 말 한마디에 큰 영향을 받지요. 설사 같이 허우적거리게 되더라도 분명한 위로의 힘이 있습니다. 따지고 보면 의사와 환자는 반치유적인 구도예요. 저는 전문가가 치유하는 게 아니라 치유하면 전문가라는 생각을 합니다.

전문가들이 듣기엔 불편한 발언일 수 있습니다.

요즘의 정신의학계는 문제가 많습니다. 산업과 연계돼 문턱이 낮아졌고 과잉 진단도 잦아요. 분노조절장애도 그래요. 자주 거론되니 아예 병명을 붙여 줬죠. 우울증도 미국표준진단체계인 DSM-5에 따라 체크리스트 몇 개에 해당하면 쉽게 진단을 내려요. 잠 못 자고 입맛이 없고 좀 불안하다고 하면 우울증이라는 거죠.

진단 해악이 미국에서도 큰 문제가 되고 있다고 그가 목소리를 높였다.

그럼 우울증 진단은 어떻게 내려져야 합니까?

저는 우울증이라는 진단이 없어지길 바라요. 우울은 삶의 보편

적 바탕색이에요. 모든 인간은 그 위의 개별적인 존재고 감정은 날씨처럼 움직이죠. 존재의 개별성에 주목하지 않으니 소외가 생기는데, 의사들은 핵심을 외면하고 세로토닌 약만 처방해 줘요. 그래서 의사에게 화가 난 사람들이 자기가 책을 쓰고 스스로를 위로하죠. 저 자신이 포함된 한국 정신의학의 현주소예요.

그는 우울증 진단을 받은 범죄자들의 잔혹 행위도 자기 소멸의 이치로 설명했다. 존재가 소멸된다는 느낌이 들 때 가장 빠르게 자기 존재를 확인하는 방법이 바로 폭력이다. 상대의 극단적 두려움 속에서 존재감이 증폭되는 느낌이 들기 때문이다.

프로이트가 오면 지금 이 상황을 뭐라고 할까요?
글쎄요. 난감해하겠지요. 뭐라 할지는 모르겠으나 저는 그의 좌절을 들어 줄 참입니다. 듣기 시작하면 많은 문제가 해결돼요.

하지만 또 그 듣기가 가장 어려운 법이지요.
듣다가 못 참고 충고, 조언, 평가, 판단의 욕구가 발동해서 그렇습니다. '충조평판'만 안 해도 성공입니다. 끊지 않고 들어 주기만 하면, 상대가 다 알아서 정리를 해요. 말하는 사람은 이미 답을 알고 있거든요.

튼튼한 관계에는 존중과 경계가 함께한다고 했는데, 경계란 무엇인가요?

국경처럼 너와 나 사이의 선이죠. 너와 나는 다르고 개별적인 존재라는 인정입니다. 자기 욕구를 충분히 수용하면서도 상대를 훼손하지 않는다는 약속. 경계가 지켜져야 존중할 수 있어요. 저와 남편도 듣고 말하는 데는 한 몸처럼 반응하지만, 경계에는 서로 예민해요.

당신을 보며 인생에서 배우자가 주는 영향력이 지대하다는 생각을 했습니다. 서로의 '영감자'와 '후원자'가 되어 주는 부부 관계의 비결이 뭔가요?

(웃으며) 저는 남편이 미운 적이 한번도 없어요. 섭섭한 적도 없어요. 얘기하면 이해하고 해결이 되지요. 서로가 어떤 마음을 갖고 사는지 아니까. 우리는 서로를 엄마, 아빠라는 역할로 규정하지 않아요. 너와 나, 존재로 보지요. 호기심을 갖고서요. 순간순간 힘들어도 대화를 하면 충전이 돼요. 늘 에너지가 남습니다.

하지만 그런 다정하고 구체적인 화법은 평범한 남자들에겐 익숙지 않습니다.

제 조언을 듣고 한 여성이 남편한테 "요즘 당신 마음이 어때요?" 물었더니 무슨 소리냐며 딴청을 피우더래요. (웃음) 당장

호응이 없어도 그런 질문은 존재에 가닿아 파장을 일으켜요. 반드시 우연한 순간에라도 화답을 받을 거예요.

정신과 의사가 꿈이었습니까?

엄마가 오래 앓다 돌아가셨어요. 어릴 때부터 왕진 가방 들고 다니는 의사를 보면서 유치한 마음에 사람 살리는 일을 하고 싶어졌어요. 정작 의대에 진학하고 보니 모든 게 나랑 맞지 않더군요. 정신과를 발견했을 땐 암흑 속에 빛을 본 기분이었죠.

부모와의 관계는 건강했나요?

엄마는 암에 걸려 일찍 돌아가셨고, 아버지는 그 때문에 우울하셨어요. 자상할 여력이 없던 그분에게 저는 연민이 많아요. (지금 남편인) 명수 씨를 만나기 전까지 저도 간신히 버티고 살았어요. 열일곱이 되어서야 말귀 알아듣고 친구 사귄 우리 집 막내처럼, 저도 오래 걸리는 사람인가 봅니다.

내 마음을 궁금해하는 단 한 사람만 있어도 그 사람은 치유된다고 했는데, 주변에 그런 사람이 없다면 어떻게 해야 합니까?

당장 주변에 없더라도 그런 존재를 떠올리고 인식하는 것만으로 치유가 일어나요. 자각하는 게 중요하죠. 만약 없다면, 내가 나에게 그런 존재가 되어 주세요. 보통은 내가 가장 먼저 자신에게 가혹한 타자가 되기 쉬워요. 스스로 '왜 슬프지?' '그랬구나' 묻고 들어 주세요. 또 하나의 방법은 내가 타자에게 그런 사람이 되어 주는 겁니다. 내가 타인의 마음을 궁금해하면 빠르게 보상이 옵니다.

마지막으로 묻지요. 《당신이 옳다》라는 책을 쓰셨습니다. '옳다'는 자기 적절감, 수용받음에 대한 증거지요. '괜찮다'와는 어떻게 다릅니까?

'옳다'라는 말은 체중을 실은 말이에요. 온몸으로 존재를 덥석 안는 거죠. 부모가 못나도 죄를 지어도 아이는 평가하지 않잖아요. "엄마 아빠 좋아!" 하면서 끌어안지요. 그래서 열등감으로 시선을 피하는 사람도 아이 눈은 쳐다봐요. 안전하다고 느끼는 거죠. '괜찮다'가 엄마의 시선이라면 '옳다'는 아이의 시선이에요. 부모는 아이를 버려도 아이는 부모를 못 버리지요. '당신이 옳다'라는 믿음은 그만큼 강한 겁니다.

2018년 11월

우리는 봄을 믿어야 해요

가톨릭 신부 최대환

최대환 세례자 요한 신부. 천주교 의정부 교구 사제.
그의 책 《당신이 내게 말하려 했던 것들》을 받아들고
깜짝 놀랐다. 처음엔 표지와 제목이 너무 아름다워
놀랐고, 그다음엔 책의 서문이 아름다워서 놀랐으며,
그다음엔 사계절의 풍경과 함께 은하수처럼 펼쳐지는
인문과 예술, 사유의 광대함에 놀랐다. 세상의 윤곽을
흐릿하게 만들어 힐링을 파는 여느 베스트셀러 종교
서적과는 차원이 달랐다.

예컨대 그는 영화 〈그래비티〉를 통해 우리가 지고
있는 고통의 무게가 곧 나를 살게 하는 비밀이었다는
통찰을 끌어내고, 〈리틀 포레스트〉와 〈화양연화〉를
보며 "행복한 날에는 행복하게 지내라"고 권고한다.
모차르트의 〈클라리넷 협주곡〉을 이야기하면서는 매일
밤 죽음을 생각했던 천재 작곡가의 편지를 찾아서 읽어
준다. 삶 곁에 항시 죽음을 가까이 두었던 모차르트의
마음은 염세적이었던 것이 아니라 쓸쓸함 속에서도
기쁨을 머금을 수 있는 관대함이라 기술하며.
플라톤부터 한나 아렌트까지, 수전 손택부터 발터
베냐민까지, 체호프부터 페소아까지…… 그가 거론하는
세기의 예술가와 사상가가 아크로바틱하듯 우아하게
책갈피를 넘나들며 파드되pas de deux를 하는 장면은

아름답다. 실존이나 죽음, 탄생이나 비참 같은 지성의
낱말이, 눈송이처럼 선명한 감각으로 심장에 착륙하는
느낌이란!

그가 쓰는 모든 문장엔 친절함이 밑간처럼 배어
있었다. 행간의 배후엔 오직 주어가 지닌 겸손함이
튼튼하게 자리를 지킨다. 그가 신부라는 사실은 그의
사유에 제한적 프레임을 가하지 못한다. 공허와 부활이
평화롭게 만나고 여행과 산책이 자아의 삼투압을
일으키는 광경은 신학과 인문학의 핵융합 반응을 보는
것처럼 황홀하다. 소설가 김훈은 "최대환 신부의 글을
읽고 인간의 영성과 하느님의 신성을 증명하는 일은
매우 쉽다는 걸 알았다"고 했다.

그렇게 쉽고도 깊게, 세상의 질서와 은총의 질서가
만나는 지점을 섬세하게 짚어 온, 세례자 요한 신부를
만났다. 한겨울 칼바람이 사정없이 휘몰아쳐 최신부의
두 볼이 명동성당 벽돌처럼 붉어졌다. 그 모습이 흡사
술에 취한 아이처럼 귀여웠다.

구체적으로 무슨 일을 하십니까?

수도원과 유사한 혜화동 대신학교의 사감이에요. C사감이죠. (웃음) 학생들과 함께 기도하고 놀러도 가고 영화도 보고 면담도 해요. 이 길이 맞지 않는 아이들은 '식별'해서 다른 길을 찾길 권유도 하고요. 가톨릭 대학교 성신교정에서 신학과 겸임교수로 철학도 가르칩니다. 독일에서 중세 철학, 근대 철학, 윤리학 등을 전공해서 그 지식을 나누는 거죠.

신학생들도 혹 말썽을 피웁니까?

피우지요. 사회에서 생각하는 그런 종류의 말썽은 아니고요. 사람은 다 같으니까요. 신부도 90퍼센트 보통 사람들과 같아요. 지향하는 몇 가지가 좀 특별한 거죠. 수도원과는 좀 다른 게 7년이 지나면 본당 신부가 돼요. 세속 안에 살면서 신부 생활을 한다는 건 바깥바람을 그대로 쐬는 것과 같지요. 홀로 있음도 즐겨야 하지만 관계 맺는 것도 좋아해야 해요. 균형과 절제가 필요한 일이지요.

왜 신부가 됐나요?

중학교 3학년 때 본당 신부님이 권유하셨어요. 그저 면피용으로 예비 신학교를 1년간 다녔는데, 고등학교 올라갈 때 피정 가서 기도하다 하느님의 부르심을 강하게 느꼈습니다. 하지만 요즘도 문득문득 자문하죠. 내가 왜 신부가 됐을까? 돌이켜보면 심리적 예민함 때문인 듯해요. 중학교 때부터 도스토옙스키의 《카라마조프가의 형제들》,《악령》,《죄와 벌》 등을 읽었어요. 민주화 운동이 한창이던 때라 사회를 위해 뭔가를 해야 한다는 압박감이 강했습니다. 편하게 살면 안 될 것 같다…… 그런 생각을 했죠.

공인회계사인 아버지 덕에 그의 집안은 그럭저럭 먹고살 만했다. 고등학생 최대환은 눈만 뜨면 사회적으로 빚지고 산다는 죄의식을 느꼈다. '하늘을 우러러 한 점 부끄럼이 없기를, 잎새에 이는 바람에도 괴로워했던' 예민한 소년은 윤동주의 <서시>처럼 사춘기를 앓다 신학생이 됐다.

　　신학생들은 대개 그렇게 고난을 자처하며 신부가 되나요?
아니요. 요즘 신학생들은 행복하기 위해 이 길로 옵니다. 봉사가 곧 행복인 거죠. 당시 저는 행복보다 소명을 택했지만, 나이 들고 나서야 신부로 사는 행복을 알게 됐어요.

　　만족하세요?
네. 고교 시절부터 지금까지 제가 받은 게 너무 많다는 생각이 들어요. 남은 인생은 덤이라고 느낄 정도죠.

　　무엇을 그렇게 많이 받았다고 느끼나요?

좋은 사람을 만나고 보람 있는 일을 했습니다. 사회생활은 이해
관계로 하지만 신부 생활은 이해관계가 없어요. 미사를 드리고
아픈 사람들을 위로하고 지식을 나눴습니다. 선택한 게 아니라
선택받은 느낌입니다. 신학생 시절, 힘들어서 그만두고 싶을 땐
'하느님이 날 미워하는 건 아닐까?' 걱정도 했지요. (웃음) 그러
다 알게 됐어요. 신은 인간의 모든 선택을 사랑하신다는 걸. 다
만 그 순간 더 좋은 게 있을 뿐이지요.

　　《당신이 내게 말하려 했던 것들》이라는 책 제목이 인
　　상적이었어요. 당신이란 존재가 과거와 미래에 걸쳐
　　져 있어 더 아련하더군요.

그 제목은 미국의 팝가수 돈 맥클린의 노래 〈빈센트〉의 가사에
서 따왔어요. "이제 나는 알겠어요, 당신이 내게 말하려는 것들
을Now I understand, what you tried to say to me"이라는 가사죠. 어쩌면 '당
신'은 내가 가장 아끼는 사람이겠지요. 독일에서 유학하던 시
절, 친구가 찍어 준 흑백사진 속의 저를 보고도 그런 생각이 들
었어요.

1998년 사제서품을 받은 최신부는 서울 고덕동 성당 보좌신부를 거쳐 독일의 뮌헨 예수회 철학 대학에서 8년간 철학을 공부했다. 신의 부르심에 순종한 신부는 그 열심으로 인간이란 무엇인가를 탐구했다. 성경이 아닌 인문학에서 살아 움직이는 현대의 인간을 보았다.

신부가 철학을 공부한다는 건 어떤 의미인가요?

놀랄 만한 일은 아닙니다. 신학교에서는 기본적으로 철학을 배우지요. 토마스 아퀴나스 이래로 신학은 철학 위에서 더욱 탄탄해졌습니다.

혼란을 느끼지는 않습니까?

사도 바오로도 그리스도교 문화에서 철학을 공부했어요. 아우구스티누스는 플라톤 철학을 완성했지요. 신학은 진리를 추구합니다. 성경도 중요하지만, 맹목적 광신론에 빠지지 않으려면 명철한 이성이 바탕이 돼야 해요. 근대 이후 무신론 철학이 많아 홍역을 치르는 시기는 있지만, 그 과정을 겪어야 신과의 관계가 더 깊어집니다.

독일에서는 어떻게 지냈습니까?

뮌헨은 문화적으로 풍부한 곳이었어요. 신문 문화면만 읽어도 좋았지요. 유학생 시절의 저를 찍은 사진을 보면 고민 속에서도

"어떤 말이 이해되기 위해서는 그 말에 호의를 갖고 들어야 해요.
듣는 이의 호의가 진의를 완성하는 겁니다."
사진© 이태경

웃고 있어요. 독일에서 공부하면서 철학이 단지 지식이 아니라 삶이라는 걸 알았거든요. 열여섯 살 이후로 하느님을 만난 건 실체적 진실이지만, 그럼에도 불구하고 나는, 우리 인간은 우울하고 절망적인 기분을 느껴요. 어느 날 뮌헨의 공원에서 달리기를 하다가 그런 생각이 들었어요. 이렇게 달리다가 죽으면 어떤 기분일까? 굉장히 허무하더군요.

허무라…… 신부에겐 당황스러운 감정일 텐데요.
저로서는 큰 체험이었어요. 그때부터 글을 쓸 때 머리에 떠오르는 건 인간이 가진 우연성이에요. 우연히 태어났고 내일 죽어도 이상한 일이 아니죠. 이 허무한 마음을 어떻게 대면하는가가 모든 학문의 출발이에요. 철학은 결국 운명과의 대화입니다. 그런 면에서 종교와 연결이 되어 있어요.

하지만 기독교와 가톨릭은 그 문제를 부활과 천국으로 풀고 있지요.
부활에 대한 믿음이 있어도 절망을 느끼고 허무할 수 있어요. 그걸 인정하는 게 정직합니다. 끝이 보이지 않는 절벽 위에 서 있는 느낌, 그게 불안이지요. 서양의 문학과 철학, 예술은 결국 인간 존재의 우연과 불안에 대한 질문과 답으로 가득 차 있어요. 사실 우리는 지금 이 순간 사멸해도 이상하지 않지요. 그 우연성이 덧없는 건 아니라고 확인시켜 주는 게 부활이에요.

**사람들은 대개 자기 삶이 우연이 아니라 필연이라고
착각하고 싶어 합니다.**

필연성은 요청되는 것이 아닙니다. 부여받을 뿐이죠. 부활도 은행에 맡겨 둔 돈을 찾는 게 아닙니다. 신앙인으로서 부활을 믿으면서 동시에 내가 내일이라도 모래성처럼 무너질 수 있다는 자각을 한다는 게 부적절한 감정은 아니죠. 자신이 헛됨 위에 서 있다는 것을 알면 인생을 정면으로 마주할 기회가 생겨요.
저는 한강 작가를 참 좋아해요. 인간은 덧없는 존재지만 잘 살려고 안간힘을 쓰는 모습을 덤덤하고 절절하게 쓰더군요.《여수의 사랑》도 좋았는데《희랍어 시간》에서는 그 우연성이 더 드러나서 놀랐어요.

슈베르트의 〈겨울 나그네〉를 자주 듣는 건 겨울을 좋아하기 때문인가요?

아무래도 성탄이 있는 계절이니까요. 수도원에서 성탄절을 지낸 적이 있는데 눈 내리던 정경이 아름답게 남아 있어요. 겨울에는 벌거벗은 마음으로 이웃의 얼어붙은 몸을 볼 수 있어요. 그런 의미에서 슈베르트의 〈겨울 나그네〉는 단순히 음악이 아닌 묵상이죠. 그 음악을 작곡할 때 슈베르트가 쓴 글에는 이렇게 적혀 있어요. "나를 멸시한 사람들에 대한 끝없는 사랑을 마음에 품고 먼 길을 돌아다녔다."

〈겨울 나그네〉에서 '거리의 악사' 부분은 말 그대로 풍각쟁이의 삶이에요. 절망과 공허가 가득해서 숨을 곳이 없죠. 희망 없음을 그대로 응시해서 음악이 아닌 반음악이라고까지 불립니다. 독일에서는 그 곡이 끝난 후엔 아무도 박수를 치지 않아요. 앙코르도 외치지 않죠. 오로지 침묵을 유지하는 게 예의예요.

그럼에도 불구하고 봄을 믿어야 한다고 하셨어요. 늘 오는 봄이지만, 봄을 기다린다가 아니라 믿어야 한다고 해서 기뻤습니다.

빌 에반스가 말년에 녹음해서 유작으로 나온 앨범이 《당신은 봄을 믿어야 해요You Must Believe in Spring》예요. 그의 전기를 읽어 보면 알코올중독, 마약, 형의 자살 등으로 고통이 심했어요. 그런데 오십에 약물중독 후유증으로 죽어 가면서 그 곡을 녹음했어요. 겨울의 끝을 살다 보면 봄이 안 올 것 같지만, 봄을 믿어야 한다고요.

어떤 철학자를 좋아했습니까?

아리스토텔레스를 몇 년 동안 공부했어요. 그다음엔 아우구스티누스와 토마스 아퀴나스를 파고들었죠. 현대철학자로는 한

나 아렌트와 하이데거를 좋아했습니다.

요즘 우리 사회를 보면 한나 아렌트가 주장하는 '악의 평범성'이 일상이 된 듯합니다. 끔찍한 악행들이 결국 공감 능력 부족이라는 평범한 뿌리에서 나왔다는 말인데, 어떻게 생각하세요?

한나 아렌트는 '악의 평범성'도 제시했지만 '인간의 탄생성'에 대해서도 이야기했어요.

'탄생성'이라니 무슨 말이지요?

《예루살렘의 아이히만》 전에 쓴 《인간의 조건》에서 한나 아렌트는 인간은 우연과 필멸의 한계 속에서도 새로 시작할 수 있는 능력이 있다고 썼어요. 탄생성은 시작의 능력이에요. 그게 가능한 건 우리에게 용서의 능력과 약속의 능력이 있기 때문입니다. 쉽지는 않아요. 나쁜 짓을 한 사람을 용서하는 게 저도 힘듭니다. 하지만 그를 사랑해서가 아니라 내가 살기 위해서라도 용서를 선택해야죠. 약속도 그래요. 헛된 약속은 부질없지만 나에 대해, 미래에 대해 약속하는 사람에겐 늘 희망이 있습니다.

무기력으로 기진맥진한 사람들은 그 미래가 때론 부담스럽기도 합니다만.

미래에 해야 할 일만을 생각한다면 의무만 남죠. 미래는 권리도 아니고 착취할 만한 대상도 아니에요. 자원처럼 소비해서도 안 되죠. 미래는 그냥 선물이에요. 약속을 머금은 선물이고 시간의 덤이죠.

그렇다면 시간이란 무엇인가요?

셰익스피어의 희곡 〈겨울 이야기〉에는 시간이 등장인물로 나와요. 시간은 인간에게 화를 내기도 하고 상을 주기도 해요. 시간이란 뭘까요? 시간은 선물이기도 하지만 심판자이기도 해요. 인생은 궁극적으로 미완성이고 내가 못한 건 나머지 사람이 채운다는 걸 받아들여야 합니다.

신은 당신에게 어떤 존재였습니까?

내가 '이럴 것이다'라고 생각하면 항상 그보다 더 커지는 존재였어요. 잡으려고 해도 잡히지 않았죠. (웃음) 가끔은 그분이 출장 중이라고 느낄 때도 있지만, 어느 순간 가까이 와 있더군요. 하느님이 사랑이라는 건 확신합니다. 하지만 그 사랑이 어떤 형태인지는 늘 미스터리예요.

오스트리아에 있는 신학자 친구가 천 페이지 가까운 논문을 썼는데, 결론은 "하느님은 인간이 다 알 수 없는 분"이라는 거였어요. 다만 인간이 어떤 길을 가든 그 길에서 미래를 열어 주시는 분이라는 거죠. 한쪽 문을 닫으면 다른 쪽 문을 열고 기다리고 계시지요.

과학책을 많이 읽으시더군요. 눈을 들어 우주를 볼 때 무슨 생각을 합니까? "우리는 모두 별의 먼지다"라는 천문학자의 말에 진심으로 공감합니까?

그럼요. 참으로 신비롭고 시적인 진술이지요. 별을 보면 에너지가 충전되지 않던가요? 독일의 밤하늘엔 별이 많아요. 하이델베르크 수도원에서 별을 보고 그 숭고함에 놀랐던 기억이 아직도 가슴에 선명합니다.

보통 인간의 뇌는 의무와 계획으로 꽉 차 있어요. 자연을 가까이 이해야 뇌를 비울 수 있는데, 별이 그 원초적인 빈터예요. 별에 비하면 인간은 얼마나 작은 존재입니까. 인간이 미세먼지처럼 작다면, 이 우주에서 내가 좀 잘못해도 큰일 나진 않겠구나, 싶죠. (웃음) 과학은 인간에게 겸손을 가르치고 위안을 줍니다.

그러나 과학자의 눈에 신의 기적만큼 불쾌한 것도 없다지요. (웃음)

하하하. 흄과 로크의 종교 비판에 영향받은 영미권 과학자들이 주로 그렇죠. 아인슈타인은 인격적 존재로서 신을 믿지는 않았지만, 질서나 내재적 원리는 믿었어요. 신을 증명하는 건 불가능합니다. 없다는 증명도 불가능하죠. 증명이 무엇을 의미하느냐는 철학의 큰 주제예요. 칸트는 신을 증명할 수는 없지만 신의 존재를 상정하지 않는 삶은 부조리할 수밖에 없다고 했어요.

과학의 언어와 성서의 언어는 출발이 다르지요. 비유를 주로 쓴 예수의 말을 "닦달하지 않는 언어"라고 했는데, 무슨 말인가요?

우리가 말하는 방식을 보세요. 120퍼센트 정보를 심거나 뽑아내려 하죠. 예수의 비유는 여백이 많아요. 곱씹어 볼 수 있도록 기다려 주는 말이에요. 해석학이라는 학문에 '자비의 원리'라는 게 있어요. 어떤 말이 이해되기 위해서는 그 말에 호의를 갖고 들어야 한다는 거죠. 듣는 이의 호의가 진의를 완성한다는 겁니다. 사실 비유는 명확하지 않아요. 듣는 이에게 말한 이에 대한 신뢰가 있어야 전달이 돼요. 예수가 비유를 쓴 건 정보와 사실 전달보다는 '예수를 알아야' 들리는 관계와 언어를 추구했기 때문입니다.

당신은 어떤 말을 추구합니까?

친절하고 과장이 없는 말을 쓰고 싶어요. 사람을 초대하는 말을 쓰려고 노력합니다.

인생의 비밀을 목격하려면 반드시 여행과 산책을 해
야 한다는 대목에도 고개를 끄덕였어요. 산책하다가
크리스마스에 얼어 죽은 산책자 마르틴 발저를 소개
하며 산책은 도락이자 행군이라고도 했지요. 실제로
산책을 자주 하십니까?

비가 와도 진눈깨비가 떨어져도 산책을 해요. 여유가 되면 하루
에 네 시간도 합니다. 신학교가 있는 혜화동에서 경복궁 뒤편을
지나 청계천, 동대문을 거쳐 다시 혜화동으로 돌아와요. 산책하
다 지치면 카페에 들어가서 밀린 글을 씁니다.

우울하거나 슬플 때는 없습니까?

우울증을 앓은 적은 없어요. 멜랑콜리에 대해 동경과 관심은 있
습니다. 알랭 드 보통은 한국 사람들이 멋진 멜랑콜리를 가지고
있다고 했어요. 슬퍼할 줄 안다는 거지요.

슬픔이란 무엇인가요?

슬픔은, 슬픔인 거죠. 정의할 수 없어요. 본당 신부 생활을 하다
보면 병고와 사별의 고통을 겪는 신도들의 슬픔과 자주 만나요.
어린아이나 한 집안의 가장이 떠날 때는 저도 말할 수 없이 슬프
죠. 제 아버지가 갑자기 쓰러져서 9년 동안 누워계실 때도 그랬
고요.

모든 게 잘되어 가고 모두가 잘해 줘도 우연과 사멸의 예감 앞에서는 슬퍼요. 슬픔과 기쁨이 붙어서 가는 게 인생입니다. 들어가 보면 성공한 사람도 슬픔이 있고 비참해 뵈는 사람도 기쁨이 있어요. 그 비율만 약간 다를 뿐. 간혹 슬픔이 옮을까 봐 비참한 사람을 피하는 경우도 있더군요. 하지만 슬픔 안에서 연대할 수 있으면 인생이 완전히 다르게 보일 거예요.

세상을 보고 싶은 대로가 아니라 신음하는 그대로 감지한다는 것, 슬픔을 비껴가지 않고 한복판으로 내려가 애도할 수 있다는 건 좋은 능력이라고 했다.

영화 〈그래비티〉를 보면 그 슬픔의 중력이 결국 인간을 다시 살게 하더군요. 딸을 잃은 엄마가 그 슬픔을 피해 우주 공간을 미아처럼 배회하다 기어이 지구로 돌아온다는 이야기죠.

그 영화 끝날 즈음에 한 아저씨가 극장에서 손 들고 외쳐서 웃었어요. "하느님, 지구에 살게 해 주셔서 감사합니다!" 사는 게 무거운 짐이지만, 짐 없이는 또 삶이 존재하지 않거든요.

철학에는 두 가지가 있어요. 하나는 고통을 덜어 내는 것이고 다른 하나는 고통을 인정하고 거기에 선을 더해 행복을 추구하는 것입니다. 저는 후자를 권해요.

우리는 우연히 태어났고
내일 죽어도 이상한 일이 아니죠.
이 허무한 마음을
어떻게 대면하는가가
모든 학문의 출발이에요.

문득 궁금합니다. 신부님은 무엇을 하고 노나요?

책과 영화를 좋아하지만, 술 마시고 이야기하는 것도 좋아해요.

어떤 술을 드시죠?

소주, 맥주 가리지 않아요. (웃음) 신부는 취하면 안 되지만 목사보다는 음주에 자유롭지요. 소주 한잔하면 편하게 사는 얘기를 나눌 수 있어요.

다큐멘터리 영화 〈내 친구 정일우〉를 보면 정일우 신부도 늘 가난한 철거민이나 농민들과 어울려 살며 술을 드시더군요. 성聖과 속俗의 경계가 없는 모습이 신기했어요.

훌륭한 분이시지요. 김수환 추기경이 대단하신 게 그분 자체의 인품도 높지만, 정일우 신부 같은 훌륭한 분을 알아보고 도와주셨다는 거예요.

문득 혜화동 주교의 조그만 방에서 김수환 추기경과 면담했던 일이 기억난다고 했다.

할아버지 같은 말투로 봉사하는 신부가 돼라고 말씀하셨어요. 소박함이 몸에 밴 큰 분이셨어요. 대체로 서양의 신부는 명문가 귀족 출신이 많지만, 정말 훌륭한 신부는 농부의 아들인 경우가 많지요.

늘 사람들 곁에서 봉사하며 살지만, 외로움이 찾아올 때도 있겠지요?

신부는 자기 집이 없어요. 평생 떠돌며 사택 생활을 합니다. 그래도 보통 사람보다는 덜 외로워요. 가족과 살아도 소외감이 드는 경우가 많잖아요. 저는 가족처럼 친밀하진 않지만, 우정을 나눌 수 있는 유사 가족이 많습니다. 교구 신부는 우정을 맺는 능력이 매우 중요해요. 현대인들은 외롭긴 싫어하는데 우정 능력은 더 떨어져서 안타깝죠.

우정을 잘 맺는 비결이 뭐지요?

한 번은 속더라도 신뢰를 보여야 우정이 시작돼요. 진의를 알려고 너무 애쓰지 말고 보이는 그대로 대하는 거죠. 판단은 좀 유보하고요. 우정을 맺는 데 약간의 술도 도움이 됩니다. (웃음)

얼어붙은 겨울을 보내고 있는 대한민국의 보통 사람들에게 우정의 한마디를 부탁드립니다.

지금 시대는 분노도 많고 긴장도 심해요. 이곳저곳에서 권리가 충돌하고 욕망이 들끓죠. 하지만 혼란의 한가운데서도 희망을 가져야 합니다. 희망은 막연한 기대와는 다릅니다. 바람을 잘 정화하고 조형해야 희망이 되죠. 그리고 그것을 반드시 지켜 가겠다는 의지가 있어야 합니다. 평범하게 들리겠지만 우리는 봄을 믿어야 해요.

나치 치하에서도 살아남은 유대인 시인 힐데 도민Hilde Domin 여사를 만난 일이 있어요. '희망의 시인'으로 유명한 분이지요. 100세 가까운 나이에도 총명한 목소리로 그러시더군요. 장미꽃을 가꾸듯 희망을 지키라고. 희망을 지키는 사람은 자기 안에 조용히 기적을 간직한 사람이라고요.

2019년 1월

—

최대환 신부는 그의 책 《당신이 내게 말하려 했던 것들》에서 검은 사제복을 입고 떨어지는 눈송이를 바라보며, 어느 새벽 눈 내리듯 고요히 하늘로 떠난 아버지에게 인사한다. "이제 알겠어요. 당신이 내게 말하시려고 했던 것을." 젊은 나이에 병으로 죽은 오랜 벗과도 기쁨을 나눈다. "이제 알겠어요, 당신이 내게 말하려고 했던 것을." 30대 유학 시절 사진 속 젊은 신부, 자신을 향해서도 읊조린다. "당신이 내게 말하려는 것을, 이젠 알겠어요."

최대환을 만나고 나서 돈 매클레인의 〈빈센트〉를 자주 들었다.

"Starry, starry night"으로 시작해서 "Now I understand, what you tried to say to me"로 이어지는 노래는 듣고 있으면 눈물이 고인다. 만났다 헤어졌다, 늘 새로운 기차를 타고 어디론가 떠나는 게 인생이라면, 여러분도 사랑하는 이에게 부디 너무 늦지 않게 이 말을 전할 수 있기를. "이제 나는 알겠어요. 당신이 내게 말하려던 것을."

태어났으니
내 삶을 사랑해야죠

홈리스 출신 작가 임상철

〈빅이슈〉는 영국에서 시작된 노숙자 자활잡지다. 한 권을 팔면 홈리스의 몫으로 절반의 금액이 떨어진다. 약간의 보증금을 모으면 임대주택을 빌려준다. 〈빅이슈〉를 판매하는 사람을 일명 '빅판'이라고 부른다. 지하철역에서 간간이 "〈빅이슈〉입니다"라고 외치는 사람들. 그 말은 한때 "저는 노숙자입니다"라는 외침으로 통했다.

임상철은 홍대입구역 3번 출구에서 빨간 조끼를 입고 6년간 〈빅이슈〉를 팔았다. "당시엔 최악의 상황에 몰린 사람들이 이 일을 했어요. 그러다 보니 사람들은 100퍼센트 동정심으로 우리가 파는 책을 샀어요." 돈 있는 자도 돈 없는 자도 그들을 위로할 더 낮은 자들을 원했다. "아르바이트한 돈으로 잡지를 사며 '나는 저런 식으로 살지 말아야지' 하는 사람도 봤어요."

빅판일 때 임상철은 잡지를 잘 못 파는 사람이었다고 했다. 사회의 밑바닥에 있었으나 동정받는 것을 꺼렸던 그는, 어느 날 잡지에 직접 쓰고 그린 이야기와 그림을 담은 엽서를 끼워 팔았다. 그것은 동정심을 자극하는 구구절절한 지하철 노인의 편지가 아닌, 한 자존감 있는 남자의 힘 있는 인생 에세이였다. 더할 나위 없이 생생하고 무정하리만치 덤덤한 '홈리스의 편지'를 읽은 한 편집자가 출판을 제안했고,

52통의 거리의 편지는 《오늘, 내일, 모레 정도의
삶》이라는 책으로 세상에 나왔다.

18년의 노숙 생활을 기록한 글에서 느껴지는 건 생에의
필사적인 애착이다. 모든 노숙인들이 다 그와 같지는
않겠지만, 임상철은 불행 앞에서 징징대지 않는다.
무정한 이 도시에서 그가 채굴해 낸 이야기는 빈자의
비굴이 아니라 이웃의 소소한 친절과 그에 반응하는
스스로의 빛나는 염치였으니.

혹한의 겨울은 "건기를 맞은 아프리카 동물들이 굶주리듯
하루살이 잡부 인생이 치러야 할 대가"이며, 그런 절망의
겨울을 맞아도 "시간을 버려야 내가 산다"는 그의
읊조림은 거리에서 분투 중인 터프한 자연주의자의
독백으로 읽힌다. '재수 없는 노숙자'라고 손가락질과
폭행을 당해도, 때로는 편의점에서 컵라면 소주 파티를
열며 "김씨, 이씨, 박씨 모두 내일 봅시다" 기약 없는
명랑한 인사를 한다.

궁지에 몰렸어도 기어이 빌려 간 돈 25만 원을 갚고
벤치에서 객사한 친구처럼, 그 또한 공짜 밥 먹기를
싫어했고, 교회 옆 버려진 소파에 눕지 않고 앉아서 밤을
지새웠다. 잠시나마 고시원 한 칸 잠자리에 곁을 내주던

선배, 피시방에서 라면 값을 내주던 동료, 쉼터에서 손빨래를 해 주던 타인…… 때로는 염치없는 자들의 지옥처럼 느껴지는 이 도시에서 그들이 질서와 경우를 지키며 살아가려는 모습은 몹시 경이롭다.

임상철을 만났다. 그는 얼마 전부터 임대주택에 입주, 평생 꿈이던 조각 작업도 조심스레 병행하고 있다. 언덕 위의 낡은 빌라에 들어서기 전 편의점에서 전화를 했다.

"필요한 물건 없으세요? 커피 사 갈까요?"

"허허. 그냥 오세요. 제가 캔커피 두 개 사 놨어요."

방바닥에 신문지를 깔고 앉아 전직 홈리스와 격의 없이 캔커피를 나눠 마셨다. 돈이 없어도 종이 신문은 꼭 사서 본다고 했다. 책꽂이에서 서양미술 거장들의 책, 이상문학상 시리즈, 재레드 다이아몬드의 《총, 균, 쇠》가 눈에 띄었다. 전기밥통과 고양이 사료가 나란히 놓인 방 안을 그의 반려묘 '냐옹 씨'가 어슬렁거리며 지나 다녔다.

요즘은 하루를 어떻게 보냅니까?

구청에 신청한 자활 근로가 시작되는 날을 기다리는 중이에요. 〈빅이슈〉 판매는 얼마 전 그만뒀습니다. 떠날 때가 됐다고 생각했거든요. 그림을 그리거나 조형물을 만들면서 보내요.

밤에 잘 때는 주로 무슨 생각을 하나요?

생존을 생각하고 예술을 생각해요. 작품이 좀 팔리면 좋겠어요. '굶어 죽어도 예술'이라고도 하지만, 굶주림은 예술이 아니에요. (웃음) 몇 년 전 겨울, 안성탕면 한 개로 8일을 버틴 적이 있어요. 겨울이면 인력사무소 일이 끊겨 고시원에 온종일 누워만 있었어요. 24시간 텔레비전 소리는 귓가에 아득하고 4일 후부터 허기도 못 느끼고 정신만 몽롱해집디다.

갑자기 홈리스로 전락하는 경우는 없다고 했다. 사업 실패나 이혼 후 가족과 인연이 끊기면서 서서히 거리의 생활에 젖어들게 된다고.

홈리스인 자신을 "하루살이, 들개, 민달팽이"라고 표현했습니다. 어떤 말이 가장 나답다고 느꼈나요?

들개죠. 나는 나를 들개라고 느꼈어요. 민달팽이일 때도 있었죠. 들개일 때는 강하고 거칠고 야성적이었고, 민달팽이일 때는 나약하고 부서질 것 같은 심정이었어요. 그런데 〈빅이슈〉를 판매할 때도 들개 스타일은 잘 못 팔아요. 민달팽이들이 잘 팔죠. 나는 내내 잘 못 팔았어요. 길거리에서 살지만 나는 예술가라는 반항심, 자의식 같은 게 있었던가 봐요.

임상철은 제주도에서 삼남매의 둘째로 태어났다. 여섯 살에 돌에 맞아 한쪽 눈이 실명했고, 여덟 살에 어머니를 여의었다. 아버지는 아이들을 여관방에 놓고 떠났다. 그와 형은 보육원에서 자랐다. 크리스마스 때마다 아버지를 기다렸지만 한번도 찾아오지 않았다. 미술에 소질이 있었던 그는 중학교를 졸업하고 조형물 제작업체에서 일했다. IMF 한파가 있던 1998년 노숙자가 되어 2016년까지 거리에서 살았다.

18년은 제법 긴 세월인데요.

저는, 저를 가난한 노동자 정도로 생각했어요. 노숙자 시설에서 양말 갈아 신으라는 말을 듣고서야 체감했죠. 아! 내가 냄새나는 노숙자구나. 배낭에 작업복 넣고 다니는 노가다 일당 잡부 임씨라고 생각했는데 나는 노숙자였던 거죠. 혼자서만 예술가라고 설레발을 치는. 허허.

궁핍하게 살면서도 항상 정중하게 염치와 약속을 지키려는 모습이 인상적이었습니다.

그렇게 살려고 노력했어요. 〈빅이슈〉를 팔 때 그걸 사 주는 사

"어떤 삶이 더 낫다고는 말 못 해요."
사진ⓒ 남강호

람이 대개 젊은 여성들이었어요. 동정심에 그랬겠지만 고마웠죠. 그때부터 지금까지 여성 노숙자 쉼터에 적은 금액이지만 기부를 해요. 어릴 적 보육원에 있던 경험이 있어서 보육원에도 기부를 하고요. 잡지 두 권 정도 금액이에요. 그렇게라도 염치를 지키려고 해요.

이젠 들개도 민달팽이도 아닙니다. 안정된 주거가 있는 지금은 자신을 뭐라고 부릅니까?

과거엔 하루살이였고요. 지금은 좀 진화된 생존주의자입니다. 지금도 공공근로를 기다리며 당장의 생계를 걱정해요. 임대주택도 관리비를 못 내면 쫓겨나거든요. 한정된 자원을 두고 사람들은 보수주의자 진보주의자로 나뉘지만, 저는 그냥 자연주의자입니다. 한때는 무정부주의자이기도 했고요. (웃음)

《오늘, 내일, 모레 정도의 삶》이 한 5만 권쯤은 팔릴 줄 알았다고 했다. 그러나 그가 받은 인세는 그동안 〈빅이슈〉 잡지에 끼워 팔기 위해 들였던 복사 비용과 거의 '똔똔'이었다. 문방구에 저금한 돈 찾은 정도라고 풍선에 바람 빠지듯 피식 웃었다.

노숙자들에겐 편의점과 피시방이 이 도시의 고마운 쉼터더군요.

테이블이 바깥에 옹기종기 늘어서 있으니 서너 시간 간단히 먹고 쉬어도 뭐라는 사람이 없었어요. 허름한 사람이 허기를 채우기에 좋지요. 편의점이 없었으면 공원이나 야산으로 떠돌았겠죠. 피시방도 설비가 좋고 깨끗한 곳은 안 돼요. 한눈에 주인이 우리 같은 사람들을 감당할 수 있나 파악해야죠. 느낌이 맞아야 해요. 여자분들은 주로 찜질방에 머물러요. 표시가 안 날 뿐 다들 어딘가에서 서성이고 있어요.

가장 상처가 될 때는 언제였나요?
나름 단벌 외출복을 입고 다니는데, 잘 씻질 못하니 냄새가 나요. 사람들이 피할 때 '어 왜 이러지?' 싶어요. 그런 불일치 자체가 상처죠.

18년간 안전화를 신고 다녔으나, 그 발걸음은 한번도 안전한 곳을 디디지 못했다. 경멸과 외면에 익숙해지려고 해도 소름 돋은 제 살갗처럼 매번 소스라쳤다. 그럴 때마다 스스로를 변호하려는 마음은 정과 망치가 되어 자신을 '홈리스'라는 섬세한 조형물로 세공해 갔다.

화가 미켈란젤로도 장화를 벗지 않아 고린내가 진동했다잖아요. 건축가 가우디도 길 가다 마차에 치여 죽었을 때 사람들이 행려병자인 줄 알았대요. 나는 날것 그대로의 가난한 예술가로 세상을 여행 중인 거예요.

자립이라는 단어에 대해선 어떻게 생각합니까?
좋아하지 않아요.

어째서지요?
자립自立은 스스로 일어선다는 말이잖아요. 저는 원래부터 일어선 사람이었어요. 내 시간을 스스로 쓰는 게 자립인데, 그런 면에선 구걸하는 사람도 나름대로 자립하고 있는 거죠. 그것도 그 사람만의 노동이거든요. 먹고살려는 본능은 누구나 똑같습니다. 어린아이가 공부하는 것도 자립이죠. 저는 살아가는 시간 자체가 자립의 몸부림이라고 보는 겁니다. 죽기 전까지 시간은 다 공평해요. 단지 번듯한 일이 있고 없고로 사람을 평가하지 않았으면 해요.

몸저누워 일어나지 못할 때까지는, 누구나 일어서서 걷는 자립의 시간을 사는 거라는 말이 명치를 때렸다.

살면서 불시에 많은 사람의 죽음을 접하셨더군요. 주변 노숙인들의 죽음을 볼 때 어떤 느낌이 들던가요?
같이 〈빅이슈〉를 판매하던 사람들도 벌써 네 명이나 죽었어요.

나는 미술에 대한 꿈으로 버티지만, 많은 분이 술로 지새우다 돌아가시죠. 그분들은 돈보다는 사람을 그리워하면서 죽어요. 〈빅이슈〉 잡지를 파는 것도 절반 이상은 순간의 교류를 원해서예요. 잡지 책 건네면서 "감사합니다. 또 오세요" 그 말 한마디 하는 게 그렇게 좋은 거예요. 그만큼 쓸모 있다는 것, 살아 있다는 것을 확인받고 싶은 거예요.

죽음이 두렵지는 않다고 했다. 마음에 걸리는 건 작업다운 작업을 못 해 보고 죽으면 어쩌나 하는 조바심뿐이라고. 책에서 그는 영화 〈라이프 오브 파이〉를 언급했다. 주인공 파이가 죽을 뻔한 순간에 "신이여, 지금까지 살게 해 주셔서 감사합니다"라고 말하는 장면을 보고 놀랐다고. 그도 신에게 기도를 할 때가 있다. 혹한의 겨울에 한뎃잠을 잘 때. "하느님, 저는 하루살이일 뿐입니다. 지금 당신에게 간곡히 원하는 건 내일 아침에 일 나가게끔만 해 달라는 겁니다."

신에게 드리는 간절한 기도는 응답을 받았습니까?

그랬던 것 같아요. 겨울의 밤은 영하 17도까지 떨어져요. 다음 날 다행히 인력사무소에서 일거리가 생기면 몇 십 킬로그램 벽돌을 져도 힘든 줄을 몰라요. 저녁에 안도할 수 있다는 그거 하나로 견뎌요. 사우나 가서 내 돈으로 밥도 사 먹을 수 있다는 기대감으로. 어떤 신이 들어줬는지는 모르겠어요. 예수, 부처, 알라 중 한 분이겠지요.

뚜렷한 종교는 없으나 수녀님들의 대가 없는 헌신엔 감사를 표했다. '토마스의 집' 등 영등포에 있는 무료급식소는 돈 없고 굶주린 노숙인들에게 오아시스 같은 곳이라고.

내일이 두려운 노숙인들에게 시간이란 무엇인가요?

일하는 노숙인들은 봄이 오기만 기다려요. 겨울은 지긋지긋해요. 봄 여름 가을 벌어서 겨울을 대비하면 된다지만, 말처럼 쉽지 않아요. 하루 벌면 하루 반나절은 먹고살 만해요. 하루 일 끝나고 인력사무소 버스를 타고 돌아올 때가 제일 좋아요. 주머니도 두둑하고. 봄에는 노숙인들끼리 돈도 빌려주고 밥도 사 주죠. 겨울에는 인심이 박해요. 미래는 언감생심이고, 그저 강퍅한 오늘만 있으니까요.

임대주택이 생긴 후 어느 날 지하철 역사에서 고양이 한 마리를 1만 원 주고 사 왔다. 홈리스로 지낼 때 지인의 죽은 강아지를 야산에 묻으며 꼭 내 무덤을 파는 것 같았다던 임상철. 생명은 의외의 기쁨을 안겼다. 어둠 속에서 처음 '오도독' 사료 씹는 소리를 들었을 때, 오십 평생 처음으로 남을 먹인다는 부양의 자긍심에 심장이 두근거렸다.

고양이를 이름 없이 '냐옹 씨'라고 부르는 이유는 뭐지요?

주종 관계가 아니라 길 위의 동지니까요. 지금도 한 집에 두 집 살림하듯 독립적으로 살고 있어요. 앞으로도 언제 어디로 떠날지 모르잖아요. 그때가 되면 "우리 이제 어디로 떠나지? 냐옹 씨!" 하고 묻겠지요.

고흐 다큐멘터리를 보며 가족들이 지원해 주는 모습이 부러웠다고요. 가족에 대해서는 어떤가요? 혈연의 기억만으로도 애틋한가요?

그에겐 소식이 끊긴 형과 소식만 닿는 여동생이 있다.

모르겠어요. 사람들이 가족같이 지내자는 말을 가끔 하는데 과연 어떤 의미인지 궁금합니다. 가족을 모르고 지냈으니 그립긴 해도 애정은 잘 모르겠어요. 한때 먹고 자고 식구처럼 지내자던 사람들도, 때가 되면 안녕이지요.

아프면 그냥 쉬엄쉬엄 있다 일당 받아 가라고 한 분이나, 함께 살자고 한 분들……. 작은 선의를 베푼 길 위의 개인들이 당신에겐 가족이 아니었을는지요?

그럴지도 모르겠네요.

어머니가 돌아가실 때 "너는 나를 평생 원망하며 살아갈 거다" 이해할 수 없는 말을 했다지만, 임상철은 자신에게 생명을 준 어머니를 원망한 적은 없다고 했다. "어머니를 생각하면 작은 키에 다라이를 머리에 이고 장사하시던 모습만 기억나요. 어머니와 아버지가 바뀌었다면, 제가 좀 평범하게 살았을까요? 모르겠어요."

평범한 삶을 원했습니까? 가족이 있고, 집이 있고……

모르겠어요. 가족끼리 오손도손 사는 삶도 좋겠지요. 하지만 고독해도 마음껏 시간을 쓰면서 이렇게 사는 것도 나쁘지 않아요. 페이스북을 보면 화목한 가정을 이끄는 내 나이 또래의 가장들도 다 비슷하게 피곤하더군요. 여럿이 어울려도 해소되지 않는 감정이 있어요. 혼술이 더 낫기도 해요. 어떤 삶이 더 낫다고는 말 못 해요.

무엇을 그리고 무엇을 조각합니까?

이건 마리아가 죽은 예수를 안고 있는 피에타예요. 예수 대신 죽은 난민 소년을 형상화했어요. 이건 〈진주 귀걸이를 한 소녀〉를 만든 거예요. 모델이 없어서 마음껏 그리고 조각할 수가 없어요.

살면서 가장 고마운 사람은 누구인가요?

(한참을 생각하다) 없어요. 군데군데서 작은 선의를 받았고 저도 그만큼 돌려줬습니다.

갑자기 생각난 듯 중학교 때 선생님 이야기를 꺼냈다. 미술 숙제로 당나라 고선지 장군을 부조로 만들어 갔는데 칭찬도 받고 상도 받았다고. 그때부터 조각가가 되겠다는 꿈이 생겼다고. 그때가 자기 인생의 가장 밝은 지점이었다고. 그는 자신을 예술가라기보다는 작업가라고 명명했다.

첫 그림을 팔았을 때, 인정받는 기쁨도 컸겠습니다.

한 어르신의 얼굴을 그려드렸는데, 〈빅이슈〉 잡지 값 5,000원에 그림값 15,000원을 셈해서 2만 원을 주셨어요. 시간을 뺏은 대가라고, 조금 줘서 미안하다시며. 정말 기뻤어요. 반면 젊은이들은 좀 철이 없어요. 공짜 그림에 사인까지 해 달라니, 허허. 그래도 어떤 젊은이는 자기 생일 기념으로 친구들에게 선물하겠다고 〈빅이슈〉 28권을 사간 적도 있어요. 생각해 보면 기적 같은 일이었습니다.

방 안 곳곳엔 조각품이 놓여 있었다. 임상철은 문래동에 작업실을 내고 미술품을 만들어 먹고사는 것이 꿈이라고 했다.

자립은 스스로
일어선다는 말이잖아요.
저는 원래부터
일어선 사람이었어요.

책에서 "저는 지금껏 저의 삶을 사랑했습니다"라는 문장을 보고 놀랐습니다. 여전히 사실인가요?

사실입니다. 태어났으니까 사랑합니다. 다만 이제 들개가 아닌 집개처럼 살고 싶습니다. (웃음)

100세 시대라는 말은 당신에게 어떤 상념을 불러일으키나요?

백 살까지 살고 싶지 않아요. 죽기 3일 전까지 정과 망치를 들고 있었던 미켈란젤로처럼 자기 일을 하다가 죽었으면 좋겠어요.

18년의 홈리스 경험자로 보통 사람들에게 바라는 점이 있습니까?

홈리스라는 특정 개념보다 단지 조금 없는 사람으로 봐 주면 좋겠습니다. 장애인도 어떤 기능이 조금 부족한 사람인 것처럼요.

최악의 상황에서도 자존감을 지킬 수 있었던 비결이 있나요?

나 스스로를 위대하게 볼 필요가 있어요. '나는 비록 홈리스지만 예술가다. 단지 운이 없을 뿐이다'라고요. 나한테 분노도 하지만 나를 좀 높여 생각하면 건방지단 소리는 들어도 자존감은 떨어지지 않아요. 그래서 제가 말투는 좀 노가다 식으로 거칠어도, 최소한 예의를 지키며 정중하게 살려고 했어요. 급식소 공짜밥도 잘 안 먹고, 받은 건 꼭 셈을 치러 돌려주려고 했지요.

신이 세 가지의 소원을 들어준다면 어떤 것을 말하고 싶은가요?

첫째, 문래동에 숙소 겸 작업장이 있었으면 좋겠어요. 한 달에 150~200만 원 정도 벌면서 작업으로만 먹고살 수 있다면 좋겠어요. 둘째, 내 작업을 좋아해서 사 주는 후원자나 친구가 있으면 좋겠어요. 셋째, 세계적인 거리의 작가들과 교류하고 싶습니다. 노숙하다 반려견 개를 그려 유명해진 존 돌란 같은 친구들……. 그 친구는 나보다 고생도 안 했더구먼, 하하.

20년 노숙 경력을 가진 영국의 아티스트 존 돌란도 거리에서 반려견 조지를 그리면서 유명해졌다. 《존과 조지》라는 책은 베스트셀러가 됐고, 성공한 아티스트가 된 이후에도 그는 여전히 거리에서 그림을 그리고 있다. 임상철은 존 돌란과 소주 한잔 기울이며 그림 이야기를 나누고 싶다고 했다.

마지막으로 '오늘, 내일, 모레 정도의 삶'을 사는 우리 시대 소시민들과 나누고 싶은 말이 있습니까?

18년 홈리스 생활을 자랑이라 할 수 없어요. 제가 게을렀다는 증거이기도 하고, 또 그만큼 반성도 합니다. 삶은 뿌린 대로 거두는 것 같습니다. 열심히 살면 그만큼 풍부하게 주고, 게으르게 살면 빈약하게 주지요. 나이 들어서도 '내가 열심히 살았구나' 자부할 수 있다면, 그게 참 인생이고 진리인 거죠. 살아 보니 자유로운 사람도 열심히 살 수 있더라고요.

우리 생이 계속 이어지는 긴 문장이라면, 어떤 불행이 쳐들어와도 기어이 주어의 자리를 지키겠다는 침착한 의지가 임상철의 생을 밧줄처럼 묶고 있었다.

2019년 4월

—

오늘, 내일, 모레 정도로 이어지는 임상철의 스산한 생을 받아들고, 나는 삶 그 자체의 숭고함에 오랫동안 머리가 아득했다. 18년간 떠돌이 '들개'로 지냈기에, 고양이 한 마리도 생명체로 동등하게 대하는 태도가 몸에 밴 임상철. 그는 가족을 이루지는 않았으나 스스로 염치를 지키며 사회와 대립하지 않았다. 궁지에서 비참을 느껴도 손쉽게 고립으로 숨지 않았다.

임상철의 인터뷰는 독자들에게도 자립과 자존에 대한 새로운 시야를 선물했다. 기사의 반응 중 두 개의 댓글이 유독 기억난다. "어떤 이는 가장 낮은 곳에서도 인간의 존엄을 놓지 않고, 어떤 이는 더 나은 상황에서도 자기를 너무 쉽게 짓이긴다." "모두의 인생은 위대하다, 산다는 것 자체가 위대하다."

나의 죽음을
나의 이야기로
만드세요

법
의
학
자

유
성
호

20년간 1500여 건의 부검을 담당한 법의학자 유성호.

인터뷰 섭외차 그에게 전화를 걸었다. 수화기 너머 여러 번

신호음이 들렸지만, 받지 않았다. 아뿔싸, 그제야 생각났다.

오늘은 월요일, 그가 시체를 해부하는 날. 오후가 되자

콜백이 왔다. 부드럽고 신중한 목소리가 귓전에 울렸다.

"부검 중이었어요."

법의학자 유성호를 만나러 대학로에 있는 서울대학교

의과대학을 찾았다. 죽어야 만날 수 있는 남자를 살아서

만나자니, 괜스레 오싹한 기분이 들었다. 그는 현재

서울대학교 의과대학교 법의학 교실 교수로 재직 중이며,

국립과학수사연구원 촉탁 법의관을 겸임하고 있다. SBS

〈그것이 알고 싶다〉 등 방송에서 의문의 죽음의 해결사로

등장하곤 했다.

그가 쓴 책 《나는 매주 시체를 보러 간다》에는 그간

목격하고 공부한 죽음에 관한 모든 것이 담겨 있다.

존엄사, 가사, 뇌사, 식물인간. 검시, 검안, 부검, 해부……

문장의 갈피마다 시체 썩는 냄새가 진동할 줄 알았건만,

페이지마다 서늘한 산소를 불어넣듯 '어떻게 살 것인가'

생의 의지가 선명하게 약동했다.

우리 모두 죽음을 구체적으로 마주 봐야 한다는, 법의학

앞에 완전범죄는 없다는, 의연한 남자를 만났다. 그는

자신을 죽은 자들이 끝내 말하지 못한 이야기를 듣기 위해 삶의 마지막에 등장하는 빛도 없는 카메오라고 했다.

매주 월요일이면 시체를 보러 출근한다고요.

네. 전화하셨을 때도 세 구를 부검 중이었습니다. 용산, 동대문, 성동, 혜화 등등 경찰서 여덟 군데에서 시체가 옵니다. 사건에 따라 다르지만 육안으로만 보기도 하고 현미경으로 정밀 검사를 하기도 해요.

죽은 자를 마주할 때는 어떤 생각을 합니까?

실험실에서 포르말린에 적신 시체를 볼 땐 묵념을 했지요. 의학 수련을 위한 헌신이니 감사한 마음으로 대하고요. 부검할 땐 사망 원인을 밝히는 데만 신경을 써요. 은행원이 돈을 대하듯, 기계적으로 집중합니다. 끔찍하거나 무섭다는 생각은 안 들어요.

오랜 수련의 결과인가요? 보통 사람은 공포영화 속 시체만 봐도 심장이 멎는 것 같습니다만.

저도 공포영화 속의 시신은 무서워요. (웃음) 미국 드라마 〈워킹데드〉나 〈인시디어스〉를 보면 온몸이 오그라들죠. 그러면서도 슬쩍 헛웃음이 나요. 관절이 부자연스럽기도 하고, 죽은 몸은 부패 시점이 한참 지나면 축 늘어지는데 좀비들이 그렇게 힘을 쓰는 게 말이 안 되거든요.

선생이 가르치는 서울대 교양 강의 '죽음의 과학적

이해'엔 학생들이 벌떼처럼 모여든다더군요.

광속 마감이죠. (웃음) 처음엔 호기심에서 와요. 미국 드라마 〈CSI〉나 소설가 히가시노 게이고 책에 나오는 미스터리한 죽음을 보려고요. 〈명탐정 코난〉이나 〈소년 탐정 김전일〉이 된 듯한 흥분감이 있지요.

무엇을 가르칩니까?

우리 몸이 어떻게 죽음에 이르는지, 자살과 타살은 어떻게 일어나는지, 의사조력 사망이나 안락사, 설레지만 무거운 주제인 영생까지 다룹니다. 대학입시를 위해 무조건 달려온 20대 청년들은 순간 멈칫해서 자문하죠. 과연 나는 어떻게 살아야 할까.

드라마 〈스카이 캐슬〉에서 남을 짓밟고서라도 가고 싶을 만큼 최상위 목적지로 나온 곳이 서울대 의대예요. 선생은 어떻게 의사라는 자본주의 선민의 가운을 벗고 법의학자가 됐습니까?

의대에 간 건 파스퇴르의 전기를 읽고서였어요. 대학에 진학할 당시 TV에서 〈사랑이 꽃피는 나무〉라는 드라마를 했는데, 의대생들이 젠틀해 보이기도 했고요. 전공을 선택할 땐 신경외과와 감염내과 쪽을 생각했죠. 그런데 우연히 1세대 법의학자인 이윤성 교수의 강의를 들은 거예요. 지금 제가 하는 수업이죠. 그

때 제 스승이 그러시더군요. "전망은 최악이지만 누군가는 해야 한다." 알고 보니 제가 10년 만의 제자였어요. 사명감은 아니고 '나 아니면 안 된다'는 소영웅주의 같은 게 있었나 봐요.

아들이 어려운 의대에 들어갔다고 좋아하셨던 부모님은 의아해하며 물으셨다. "법의학이 뭐 하는 거니?"

부모님이 실망이 크셨겠어요. 뭐라고 설명했지요?
시체를 해부하는 일이라고 했죠. 황당해하셨어요. 사람 살리는 일, 정말 중요하죠. 하지만 '왜 죽었나'를 밝혀서 인권을 회복시키는 일도 못지않게 중요해요. 윤일병 사건이 대표적이에요. 그때 제가 고인이 군대에서 폭행으로 죽었다는 걸 밝혀냈고 그 일로 군대 내 인권 문제가 부각됐습니다. 지금은 부모님도 대견해하세요.

다양한 죽음을 보며 그 자신, 더 성숙해졌다고 했다. 공부만 잘하고 남에게 관심 없던 청년이 법의학자가 되지 않았더라면, 세상 만만해하며 교만하게 살았을지도 모른다고. 어쩌면 모든 시체는 자신을 성장시킨다고. 의대생들이 죽음 강의는 재밌게 들으면서도, 전공으로 법의학을 선택하지 않는 걸 안타까워했다.
대한민국의 법의학자는 모두 합해도 40명 정도. 그들은 학회가 있어도 함께 버스를 타지 않는다. 혹여 사고라도 나서 전멸할까 우려돼서다. 사회가 복잡해질수록 죽음의 의문을 밝히는 국립과학수사연구원의 위상은 높아지지만, 법의학 공무원 지원자는 여전히 부족하다고 했다. 대학에서 후임 교수를 뽑기도 쉽지 않다. 훈련된 병리 전문의 자격을 요구하는 데다 논문 연구, 부검, 법률적 소양 등 갖춰야 할 조건은 많은 반면 돈과 권력과는 거리가 멀어서다.

디테일하게 들어가면 시체를 어떻게 할지, 지휘권의 문제도 있어요. 미국은 부검의가 오기 전에 수사관은 현장에 손도 못 대죠. 영국도 검사나 협업 경찰관이 시신 전담의에게 위임하는 경우가 많고요. 반면 우리는 대륙법을 따라서 검사와 경찰관에게 시신의 권한이 있죠. 일본도 법의학을 최우선으로 키워서 학회에 가면 후계자가 많아요.

인권과 관련된 문제라 더욱 씁쓸한 일이라고 그가 한숨을 지었다. 사망 원인이 정해져도 법의학적으로 사망 종류를 밝히기에는 어려울 때가 많다. 물에서 건져낸 시신은 익사지만 스스로 투신했다면 자살, 술에 취해 수영했다면 사고사, 수영 중 심근경색이 있었다면 병사다.

　　법원과 보험회사의 자문 의뢰가 가장 많다고 들었어요. 시체는 거짓말을 하지 않는다고, 누군가의 죽음에

"가슴을 열어 보면 알죠. 이분이 험하게 살았는지, 정성스럽게 살았는지."

사진© 김지호

서 죄와 돈의 흔적을 읽어 내는 책임이 무겁겠습니다.

그렇죠. 법정에서 범인의 죄를 밝혀내는 일은 사명입니다. 반면 보험회사는 상해보험이 걸려 있어서 중요해요. 가령 목욕탕에서 70대 노인이 둥둥 떠 있다면 그게 익사냐, 아니냐를 판별해야죠. 익사면 보상금이 나가고 질병사면 안 나가요. 얼마나 치열하게 따지는지, '목욕탕 익사'를 주제로 제가 논문도 썼어요. 70~80퍼센트는 질병사예요. 쓰러져서 물을 흡입한 증거가 없으면, 유가족은 보상금을 받을 수 없죠.

우문이지만 죽은 자들의 신원을 확인하는 일이 법의학 절차에서 왜 그렇게 중요한가요?

눈으로만 보는 데는 한계가 있어요. 가령 세월호 사건 때도 시신이 바뀐 채로 장례까지 치른 적이 있었어요. 점퍼나 신발 같은 인상착의만 보면 미궁에 빠지는 거예요. 지문, DNA, 치아 검사를 거쳐야 정확하죠. 일례로 유병언이 아직도 살아 있냐고, 제 동료 의사도 제게 물어봐요. 유병언을 부검할 당시, 제 눈에도 그는 평범한 노숙자로 보였어요. 정강이뼈에서 추출한 DNA, 지문, 치과 의료 엑스레이 기록을 확인하고 나서야 그의 시신이 맞다는 걸 발표했죠.

우리 육체는 대개 어떤 과정을 거쳐 죽습니까?

생의 말기적 증상이 있어요. 통증이 있고 피곤하고 입이 마르고 손발이 저리고 가려움증을 겪어요. 가장 많이 겪는 징후는 졸음이에요. 계속 깨워도 졸고 꼬집어도 반응이 없으면 혼수상태에 빠졌다가 사망에 이르죠. 그런데 노인분들 앞에서는 절대 이런 말을 안 해요. 내가 죽을 때가 된 거냐고 화를 내시거든요.

죽기 직전에 졸음이 쏟아진다는 게 신기합니다.
뇌의 각성 기능이 떨어지는 게 원인이죠. 점차 뇌의 활동이 꺼져 혼수상태에 이르는 겁니다.

항상 죽음과 가까이 있는 유성호는 졸음과 혼수상태를 칭하는 '그레이 존gray zone'을 무한정 연장하는 연명치료에 비판적이다. 높은 의료비용과 죽음에 대한 자기 결정권을 행사할 수 없다는 점 때문이다.

많은 사람들이 자기 의사와 상관없이 '그레이 존' 상태를 맞는다고 들었어요.
그렇죠. 일단 심폐소생술로 숨을 연장할 수 있으니까요. 사실 나의 위엄을 유지한 채 죽을 수 있다면 굉장히 럭키한 겁니다. 요양병원이나 중환자실에 가 보셨나요? 전신에 호스를 꽂고 욕창으로 고생하는 분들이 많아요. 죽음의 시간이 늘어나는 게 과연 환영할 일인가, 이젠 공개적으로 고민해야 해요. 연명의료 중지에 대한 법안이 나온 것도 힘겨운 그레이 존 상태에서 가족들의 어려운 선택을 돕기 위해서죠.

예민한 이슈입니다.

법안은 초기 실행 단계예요. 회복 불가한 중환자인 경우 더는 심폐소생술을 하지 않고 인공호흡기를 뗀다는 건데요. 본인이 미처 의사 표현을 못 했을 때, 직계존비속의 동의하에 하죠. 그렇다면 독신자는 어떻게 할지, 소식이 끊겼다 갑자기 나타난 가족의 반대는 어떻게 할지…… 보완할 점이 많아요.

안락사는 존엄사 혹은 자비사라고도 하는데, 표현법에 따라 미세한 차이가 있지요?

자비사는 고통 없이 죽도록 도와준다는 중립적 표현이고, 존엄사는 존엄하게 죽기 위해 치료받지 않을 권리를 적극적으로 행사하는 거죠. 김수환 추기경도 생전에 숨과 맥박이 멈췄을 때 애써 심폐소생술을 하지 말라고 하셨어요.

좀더 나아가서 의사조력 자살은 좀 충격적이더군요. 미국 병리학자 잭 케보키언이 고안했다는 수면제와 독약이 든 기계 장치 말입니다. 그런데 회생 불가능한 말기 암 환자로 죽음의 의지가 확고했던 사람들도 차마 그 버튼을 스스로 누를 수 없었다는 사실이 놀라웠어요. 직접 죽음의 버튼을 누른 사람은 40퍼센트였다죠?

네. 마지막 순간에 두려움과 함께 삶의 의지가 올라왔던 거죠. '죽음의 의사' 잭 케보키언 사건이 공론화되면서 미국의 오리건주와 워싱턴은 존엄사를 공식적으로 허용했어요. 논란이 있지만 스위스, 벨기에, 네덜란드, 룩셈부르크도 의사조력 자살을 허용하고 있습니다.

선생은 존엄사를 찬성합니까?

기자님은 어떠신가요?

고통이 극심하다면 덜어 줘야겠지요.

가망 없는 연명치료에 들어가면 환자들의 실제적 고통은 상상을 초월합니다. 그 과정을 지켜본 의사로서 치료받지 않을 권리는 인정받아야 한다고 보는 거죠. 종교와 생명 윤리의 관점으로는 좀 더 복잡해요. 자살이냐 아니냐, 로 파고들어 가니까요.

한편, 자살 시도자들을 인터뷰한 〈뉴요커〉 기사는 매우 인상적이었습니다. 금문교에서 뛰어내릴 땐 해결할 수 있는 일이 하나도 없었지만, 뛰어내린 후에는 죽고 싶지 않았다는 걸 깨달았다는 진술이었어요.

서울대 정신의학과 안용민 교수도 같은 말씀을 하더군요. 자살 시도 중 구출된 사람들을 진료하면서 동일한 대답을 들었답니다. 죽음을 오래 준비했고, 죽음으로 모든 게 해결되리라 믿었지만, 막상 죽는 순간 살고 싶었다는 거죠. 삶의 다음 선택지, 답안지를 못 본 상태에서 하는 극단적 시도는 그만큼 안타까운 겁니다. 자살 직후에 후회한다는 건 명백한 사실이에요.

대도시보다 시골의 자살률이 높은 것도 의외더군요. 뉴욕보다 알래스카가, 서울보다 강원도가 자살률이 더 높다는 게 사실인가요?

맞습니다. 중요한 건 소통할 수 있는 커뮤니티가 있느냐예요. 다들 전원생활을 꿈꾸는데 익숙지 않은 곳에서 소속감 없이 사는 건 위험합니다. 사람 없는 곳에서 '나는 자연인이다' 외치며 충만감을 느낄 수 있는 부류는 많지 않아요. 사람은, 사람을 만나야 합니다. 노인도 소속감이 있어야 자살을 막을 수 있어요. 인구 밀도가 떨어질수록 자살 방지에 최대한 힘써야 해요.

정말 꽃 피는 봄이 오면 꽃보다 시신을 더 많이 보십니까?

네. 그해 겨울에 강에 떨어지신 분들의 시체는 이듬해 봄에 떠올라요. 부패하고 가스가 차면 수면 위로 올라오죠. 날이 풀리고 꽃이 필 즈음, 제가 부검하는 분들은 거의 다 익사자예요. 유서가 있으면 자살, 없으면 타살, 간혹 사고사도 있지요.

유서를 많이 보셨겠군요. 기억에 남는 것이 있습니까?
서민들의 유서는 대기업 회장들의 유서와는 다르죠. 뼈아픈 유서가 많아요. 폐 질환으로 목숨을 끊은 분이셨어요. 자기 빚을 세세히 기록하고 갚을 방도까지 적은 뒤 마지막으로 자식에게 어릴 때 때려서 미안하다고 쓴 엄마의 유서가 기억납니다. 주변에 폐 끼치지 않으려고, 빌린 돈 35,000원까지 빼놓지 않고 쓰셨어요.

유서를 보면 평소의 인품과 더불어 자식에 대한 부모의 마음이 애절합니다. 태종도 '세자는 몸이 허하니 상중에도 고기를 먹으라'는 유서를 남겼다지요. 저는 중국의 철학자 왕궈웨이의 유서를 늘 가슴에 품고 있어요. 자식들에게 시체를 어떻게 처리해야 하는지 설명하고, 남은 너희들은 열심히 살면 굶어 죽지는 않을 거라던. 유서엔 거짓말도 허세도 없더군요.
네. 대개 죽기 직전의 말은 길지 않습니다. 타인의 유서를 보면 그런 생각이 들어요. 아이들한테 남기고 싶은 말은 평소에 자주 적어 두어야겠다고요.

100명의 사람이 있다면
100가지 삶이 있고
100가지 죽음이 있습니다.

유서와 더불어 생의 마지막 순간을 탕진하고 싶지 않으면 심폐소생술 등 연명치료를 하지 말라는 의지를 미리 밝혀 두라고 하셨어요. 그것이 당장 우리가 할 수 있는 최선입니까?

미국과 한국의 보건의료 예산을 보면 생애 마지막 1년, 한 달에 가장 많은 돈을 씁니다. 우리는 거의 다 암이나 심장, 뇌 질환으로 사망할 거예요. 병에 걸리기 전에 사전 연명의료 의향서를 작성해서 자녀들에게 전달해 두길 권해요. 그렇지 않으면 죽음을 정리할 시간 대신 반복되는 시술로 인생이 끝날 수 있습니다. 왜냐? 죽음에 가까울수록 환자도 가족도 죽음에 관해 이야기하길 꺼리거든요.

암 진단을 받았을 경우, 살겠다는 희망으로 노력하는 것과 죽음을 의연하게 받아들이는 것, 그 결정을 언제 내려야 합니까?

치료와 동시에 죽음을 준비해야 해요. 의사와 적극적으로 소통하면서 완치 가능성이 떨어지면 대비해야죠. 과거엔 의사가 환자에게 임박한 죽음을 알리는 걸 '나쁜 소식 전하기'라고 했어요. 요즘엔 그냥 '소식 전하기'라고 합니다. 생명체로 태어난 이상 소멸은 당연한 이치니까요.

퀴블러 이론에 따르면 죽기 전에 부정, 분노, 타협, 절망, 수용의

5단계를 거쳐요. 그런데 요즘엔 분노와 우울에서 끝나는 경우가 많아요. 그레이 존이 길어져서죠. 죽음이 의사의 내레이션이 아니라 나의 내레이션이 되려면 결단이 필요해요.

　　암 선고를 받자 빚 정리 원고 정리부터 했던 이문구 작가와 자신의 장례식장에 탱고와 와인을 주문했던 그레이스 리 선생은 매우 좋은 사례더군요.

그렇죠. 저도 미리 아들한테 얘기했어요. 한번도 안 입어 본 뻣뻣한 수의 같은 거 입히지 말고, 결혼할 때 입은 예복 입혀서 보내 달라고요. 장례식장에 틀 영상도 미리 찍어 둘 참입니다. 와 주셔서 감사하고, 내 아들 피곤하니 10시 전에 돌아가라고요. (웃음)

　　죽은 자의 가슴을 열어 볼 땐 어떤 생각이 드나요?

가슴을 열어 보면 알죠. 이분이 험하게 살았는지, 정성스럽게 살았는지. 심장과 폐는 구체적인 이야기를 담고 있어요. 몽골에서 온 사람은 아기처럼 폐가 깨끗해요. 대도시 사람은 공해와 흡연에 오염된 가슴이 많죠. 질환에 대처를 못 하고 고생하다 가신 분은 전신에 황달 증세까지 있어요. 제가 목격한 바로는 부유층은 상대적으로 행복한 죽음이 더 많아요. 좀 더 일찍 대비하니까요.

아내와는 일상적으로 어떤 이야기를 나눕니까?

제가 많은 죽음을 보며 성장했듯이, 아내와도 자연스레 그런 이야기를 합니다. 언젠가 147번 칼에 찔린 여성을 부검하고 몸과 마음이 기진맥진한 적이 있어요. 헤어지자는 말에 분노한 남자 친구가 한 짓이었어요. 칼이 어디서 어떻게 들어왔는지, 그걸 다 세고 있자니…… 인간이 얼마나 악할 수 있나, 한숨이 나더군요. 그 얘기를 들은 아내가 그래요. "세상엔 다양한 사람들이 있어. 그 사람도 당시엔 제정신이 아니었을 거야." 위로가 됐지요. 통상 부검자가 죽은 사람들의 고통에 공감하면 좋지 않아요. 하지만 그때는 정말 마음이 아팠어요. 여성이고 약자니까. 학대로 사망한 아이들의 시체를 볼 때도 분노를 참을 수가 없어요.

보람을 느낄 때는 언제인가요?

범죄자가 자기가 죽이고도 거짓말을 할 때, 저는 과학적 근거로 사건을 재구성해서 보여 줍니다. 그들이 적절한 형벌을 받고, 죽은 자의 인권이 회복될 때 보람을 느껴요. 망자의 억울함을 풀어 주는 일은 중요합니다. 세종 때 집필된 최초의 법의학서 제목도 《무원록無怨錄》이에요. 원한이 없게 하라는 거죠.

선생의 죽음도 상상해 보셨습니까?

수시로 상상합니다. (웃음) 암, 심장, 뇌 질환, 치매까지 다양한

시나리오를 갖고 있어요. 암으로 죽을 가능성이 높지요. 통계적
으로 보면 우리는 거의 다 암으로 죽을 겁니다. 드라마 〈스카이
캐슬〉에선 의사를 이기적으로 묘사했지만, 실상은 그렇지 않아
요. 제 동료 의사들은 암을 정복하기 위해 최선을 다하고 있어요.

　　마지막으로 묻지요. 품위 있는 죽음이란 무엇입니까?
분명 어려운 일이지만, 죽음 앞에서 두려워 벌벌 떨지 않는 거
죠. 죽음이 삶의 마지막 과정이라는 걸 담담하게 인정하는 겁니
다. 태어날 때 축복받고 웃은 것처럼, 죽을 때도 너무 슬퍼하지
말고 즐겁게 마무리하는 거죠. 급작스럽게 죽을 수 있으니 미리
준비하고, 주변에 사랑한다는 말을 아낌없이 하면서요.

　　2019년 3월

—

유성호 교수의 인터뷰는 봄에 나갔다. 움트는 새순과 여무는 꽃봉오리
로 사방에 생명의 향기가 진동하던 때였다. 타이틀은 '봄이 오면 꽃보
다 시체를 더 많이 봅니다.' 꽃피는 봄에 번져 간 인터뷰 글은 사람들에
게 역설의 환기를 일으켰다. '어떻게 죽음을 맞을 것인가.' 어느 날, 유
성호에게서 메일 한 통이 날아들었다. 월요일 오후 4시 34분. 나는 긴
장으로 곤죽이 되어 사지가 시체처럼 늘어진 시간이었고, 그는 막 시

체를 해부하고 돌아온 시간이었다. "아름다운 글이란 실로 이런 거구나, 느꼈어요." 죽음을 이야기하는 글이 왜 아름답게 읽혔을까. 글이 아니라 말이, 그 말을 쏟는 그의 마음이, 생로병사의 길을 묵묵히 걸어가는 매일의 우리가 존귀하기 때문이리라. 부디 죽음의 시간을 의사의 내레이션으로 만들지 말라던, 장례식엔 뻣뻣한 수의 대신 결혼 예복을 입혀 달라던 이 법의학자의 아름다운 조언이 오래 기억되길 바란다.

애초에 있던 그 자리로, 나는 돌아갑니다

문학평론가 이어령

"이번 만남이 아마 내 마지막 인터뷰가 될 거예요."

이어령 선생이 비 내리는 창밖을 응시하며 담담하게 말했다. 지난주에 보기로 했던 약속이 컨디션이 안 좋아 일주일 연기된 터. 안색이 좋아 보이신다고 하자 피에로는 겉으로는 웃고 속으로는 운다며 쓸쓸하게 웃었다. 품위 있게 빗어 넘긴 백발, 여전히 호기심의 우물이 찰랑대는 검은 눈동자. 터틀넥과 모직 수트가 잘 어울리는 기개 넘치는 한 어른을 보며 나는 벅참과 슬픔을 동시에 느꼈다. 비디오 아티스트 백남준은 살아생전, 이어령의 회갑연에서 두 장의 그림을 그려 주었다. TV 상자 안의 말馬 그림과 TV 상자 안의 입술(말이 터지는 통로) 그림이었다. 말言이라는 무기를 들고, 말馬 달리는 자가 이어령이었다.

그가 쏟아 낸 말은 과거를 달릴 때나 미래를 달릴 때나 주저가 없었다. 스킵과 시프트, 축지법과 공중부양을 자유자재로 구사해서, 선생과 앉아 인터뷰하던 서재는 늘 〈매트릭스〉나 〈인터스텔라〉 같은 SF영화의 세트장처럼 느껴지곤 했다.

오늘 마주 앉은 방은 책 한 권, 서가 한 칸 없이 고적했다. 기품이 넘치는 이태리산 적갈색 책상과 의자 한 벌. 한 면을 가득 채운 녹색 벽은 선생과 교류했으나 먼저 세상을 뜬 세계의 지성들이 보내온 편지와 사진, 기사로 채워져

있었다. 루이제 린저, 이오네스코, 누보리얼리즘의
창시자 알랭 로브그리예, 노벨문학상 작가 프랑수아
모리악 등등. 선생은 한 명 한 명 짚어 가며 그들과의
인연을 즐겁게 회상했다.

한국 지성의 큰 산맥이었던 이어령. 22세에 문단
원로들의 권위의식에 비수를 꽂는 선전포고문 <우상의
파괴>로 유명 인사가 된 이후, 65년간 때로는 번뜩이는
광야의 언어로, 때로는 천둥 같은 인식의 스파크로
시야의 조망을 터 주었던 언어의 거인. 벼랑 끝에서도 늘
우물 찾는 기쁨을 목격하게 해 준 우리 시대의 어른.
십수 년 전 이미 디지로그(디지털+아날로그)라는
아름다운 미래문명을 선창한 분임에도, 당신이 제일
잘한 일은 문화부 장관 시절 '노견路肩'을 '갓길'로 바꾼
것이라고 했다.

선생 앞에 앉아 있으니, 갑자기 아득하여 88올림픽
개막식에서 그가 연출했던 잠실벌의 굴렁쇠 소년이
생각났다. 햇빛 내리쬐는 광장에 쓰였던 한 줄 정적의
시. 가을비가 대지를 적시던 날, 나는 그에게서
'죽음'이라는 한 편의 시를 듣게 될 터였다.

그는 항암치료를 마다한 채로 마지막 기력을 다해 책을
쓰고, 강연하고, 죽음까지 기록할 한 편의 다큐멘터리를

찍고 있었다. 머지않아 《탄생》이라는 책이 나오는데, 이번 인터뷰로 가까운 이들에게 그동안 함께 해 줘서 고마웠다는 인사를 전하고 싶다고.

사진 촬영을 할 땐 "씽킹 맨Thinking Man은 웃지 않는다"고 겁을 주더니, 인터뷰 내내 "쫄지 마!"라고 함박웃음을 터뜨렸던 그. 죽음이 이토록 아름다운 것인 줄 그날 처음 알았다.

건강해 보이십니다.

나 같은 환자들은 하루에도 듣는 코멘트가 여러 가지야. "수척해 보여요." "건강해지셨네." 시시각각 변하거든. 알고 보면 가까운 사람도 사실 남에겐 관심이 없어요. 왜 머리 깎고 수염 기르면 사람들이 놀랄 것 같지? 웬걸. 몰라요. 남은 내 생각만큼 나를 생각하지 않아. 그런데도 '남이 어떻게 볼까?' 그 기준으로 자기 가치를 연기하고 사니 허망한 거지. 허허.

남겨진 생의 시간이 유한하여, 나는 선생께서 하는 말은 무엇이든 듣고 싶었다. 토씨 하나, 한숨 한 자락이라도 놓치기 싫어 예전처럼 자유롭게 대화하자고 부탁드렸다.

혼자 기다리며 녹색 벽에서 선생이 젊은 시절에 신문에 쓰신 〈모리악의 기침 소리〉를 보았습니다.

내가 프랑스에서 모리악 선생을 만나고 쓴 거지. 여기엔 없지만 실존철학자 가브리엘 마르셀과의 추억도 있어요. 그때 그분이 여든이 좀 넘었을 때야. 생각해 보면 지금 나보다 젊었는데 아파트 계단을 못 올라가셨어요. 내가 등에 업히라고 했더니 화를 내요. 나는 시체가 아니라고. 서양 문화는 부축은 받아도, 업히는 건 수치로 여겨요. 한국은 다르지. 상호성이야. 이효석의 〈메밀꽃 필 무렵〉을 봐도 처음 만난 아들과 아버지가 업고 업혀서 냇물을 건너잖아. 사위가 장모를 업고 사장이 사원을 업어 줘요. 다들 어릴 적 엄마 등에 업힌 기억이 있거든.

업어 준다는 건 존재의 무게를 다 받아준다는 건데, 서양인에겐 익숙지 않은 경험이군요.

그들은 아이를 요람에서 키우니까. 태어나자마자 존재를 분리하지요. 땅에 놓으면 쥐들이 공격해서 아이를 천장에 매달아 두기도 했어요. 우리나라는 무조건 포대기로 싸서 둘러업잖아. 어미 등에 붙어 커서 우리나라 사람들이 천성이 착해요. 서양은 분리가 트라우마가 돼서 독립적인 만큼 공격적이거든. 우리 전통 육아는 얼마나 슬기로워요. 오줌똥도 "쉬쉬~", "끙아끙아~" 하면서 어린애 말로 다 유도를 했거든.

요즘 '탄생' 이야기를 쓰신다고 들었습니다. 지난번 뵐 때 '마지막 파는 우물은 죽음'이라고 하셨는데요.

죽음을 앞두면 죽는 얘기를 써야잖아? 나는 반대를 써요. 왜냐…… 죽음은 체험할 수가 없으니까. 사형수도 예외가 없어요. 죽음 근처까지만 가지. 죽음을 모르니 말한 사람이 없어요. 임사체험도 살아 돌아온 얘기죠. 살아 있으면 죽음이 아니거든. 가령 이런 거예요. 어느 날 물고기가 물었어. "엄마, 바다라고 하는 건 뭐야?" "글쎄, 바다가 있기는 한 모양인데 그걸 본 물고기들은 모두 사라졌다는구나." 물고기가 바다를 나오면 죽어요. 그 순간 자기가 살던 바다를 보지요. 내가 사는 바다를 볼 수 있는 상태, 그게 죽음이에요. 하지만 죽음이 무엇인가를 전해 줄 수는 없는 거라. 그래서 나는 다른 데서 힌트를 찾았어요.

어디서 힌트를 찾으셨나요?

죽을 때 뭐라고 해요? 돌아가신다고 하죠. 그 말이 기가 막혀요. 나온 곳으로 돌아간다면 결국 죽음의 장소는 탄생의 그곳이라는 거죠. 생명의 출발점. 다행인 건 어떻게 태어나는가는 죽음과 달리 관찰이 가능해요.

2~3억 마리의 정자의 레이스를 통해서 내가 왔어요. 수능 시험보다 어려운 시험을 통과한 거지. (웃음) 그런데 그전에 엄마와 아빠가 만나지 않았더라면, 또 그전에 조부모가 만나지 않았더라면…… 그렇게 계속 거슬러 가면 36억 년 전 진핵세포가 생겼던 순간까지 가요. 나는 그렇게 탄생을 파고들어요.

죽음을 느끼면서 태어남 이전을 복기한다? 엄청난 플래시백인데요. 뇌에서 빅뱅이 일어났겠습니다.

그렇지요. 모험은 미래에 있는 것이 아니라 아주 먼 과거에 있어요. 진화론자의 의견에 비추어 보면 내 존재는 36억 년 원시의 바닷가에서 시작됐어요. 어찌 보면 과학은 환상적인 시야. 내가 과거 물고기였을까, 양수가 바닷물의 성분과 비슷하니 그럴지도 모르겠다…….

태아 형성 과정을 보면 아가미도, 물갈퀴 자국도 선명하게 보이거든. 그렇게 계산하면 내 나이는 사실 36억 플러스 여든일곱 살이야. 엄청난 시간을 산 거죠. 죽음에 가까이 가고서 나는 깨달았어요. 죽음을 알려고 하지 말고 내가 어디에서 왔는지를 알아야 한다는 것을.

과거로 가서 미래를 본다는 설명이 이상하게 안도감을 주었다. 그는 이어령이다. 평생 창조적 역발상으로 우리에게 새로운 시야를 선물처럼 안겨 준 사람.

> 선생은 오래전에 칼럼 〈디지로그 시대가 온다〉로 디지털과 아날로그의 융합을 예언하셨어요. 미지의 죽음을 탄생의 신비로 푸니, 이번엔 또 뭐가 보이던가요?

난 옛날부터 참 궁금했어요. 왜 외갓집에만 가면 가슴이 뛸까? 왜 외갓집 감나무는 열린 감조차 더 달고 시원할까? 그게 미토콘드리아는 외가의 혈통으로만 이어져서 그래요. 거슬러 가면 저 멀리 아프리카의 어깨 벌어진 외할머니한테서 내가 왔는지도 몰라. 이렇게 한발 한발 가면서 느껴지는 게 신의 존재예요. 최초의 빅뱅은 천지창조였구나…….

과학을 잘 모르면 무신론자가 되지만, 과학을 깊이 알면 신의 질서를 만난다고 했다. 죽음이 아닌 탄생을 연구하면서 선생은 더 자신만만해졌다. 말하는 중간에 "쫄지 마!"라는 악센트를 농담처럼 박아 넣었다.

탄생을 연구하면 무섭지가 않아. 지적으로도 그래요. 아리스토텔레스 나와 보라 그래. 너는 생명을 알고 썼냐? 나는 이제 안다, 이거지. (웃음)

그런데 요즘엔 탄생 자체를 비극으로 보는 젊은이들이 많습니다.

인간은 내 의지로 세상에 나오지 않았어요. 하지만 그래서 안 태어나는 게 행복했다, 어쩔 수 없이 태어났으니 빨리 사라지는 게 낫겠다, 이렇게 반출생주의적인 사고를 하는 건 무의미해. 제일 쉬운 게 부정이에요. 긍정이 어렵죠.

나야말로 젊을 때 저항의 문학이다, 우상의 파괴다, 해서 부수고 무너뜨리는 데 힘을 썼어요. 그런데 지금 죽음 앞에서 생명을 생각하고 텅 빈 우주를 관찰하면, 다 부정해도 현재 내가 살아 있다는 건 부정할 수가 없어요. 숨을 쉬고 구름을 본다는 건 놀라운 일이에요.

그 놀라움의 힘으로 또 무엇을 보셨나요?

생명은 입이에요. 태내에서도 생명은 모든 신경이 입으로 쏠려 있어요. 태어난 후엔 그 입으로 있는 힘껏 젖을 빨지요. 그 입술을 비벼 첫 소리를 내요. "므, 브……" 가벼운 입술 소리 ㅁ으로 '엄마, 물'을, 무거운 입술소리 ㅂ으로 '아빠, 불'을 뱉어요. 물은 맑고 불은 밝잖아. 그런데 그 ㅁ과 ㅂ이 기가 막힌 대응을 이루는 게 바로 우리 한글이에요. water와 fire로는 상상도 못 할 과학이야. 놀랍죠.

어떤 주제든 언어로 시작해서 언어로 끝난다는 게 더 놀라웠다.

프로이트도 구강기를 정신분석의 첫 단계로 중요하게 보지 않았습니까?

하지만 프로이트는 배 안의 세계를 몰랐어요. 태어난 후부터 트라우마를 적용했는데, 기실 태아 때 더 많은 트라우마가 생긴다는 걸 그는 몰랐지. 아우슈비츠에서 죽은 사람의 후손 중 많은 사람이 폐소공포증을 앓았어요. 좋은 쪽이든 나쁜 쪽이든 유전은 내 조상의 정확한 이력서예요.

동양의 탄생학과 서양의 유전학은 동시에 말하고 있어요. 배 속에서의 10개월이 성격, 기질, 신체의 많은 부분을 결정한다고. 스승이 10년 가르친 게 태중의 10개월만 못하다잖아. 그래서 지혜로운 한국인은 태중의 아이를 이미 한 살로 보는 거예요.

"다 부정해도 현재 내가 살아 있다는 건 부정할 수가 없어요.
숨을 쉬고 구름을 본다는 건 놀라운 일이에요."
사진© 김지호

그 사실을 프로이트가, 칸트가, 헤겔이 알았겠느냐고 호탕하게 웃었다. 가슴뼈가 커지는 화통한 웃음에 공기 틈이 시원하게 벌어졌다.

그러니까 쫄지 마! 허허. 알고 보면 프로이트는 돌팔이였어요. 《우상의 추락》이라는 책에도 있잖아. 다만 인간의 에고를 구조적으로 봤다는 데 의의를 두는 거죠. 인격은 다층적이라 의학뿐 아니라 인문학자의 상상력으로도 봐야 해요.

철학자 김형석 선생은 인격의 핵심은 성실성이라고 했지요. 선생은 인격의 핵심을 뭐라고 보십니까?
하하. 핵심은 인격과 신격은 다르다는 거예요. 하나님을 흉내내기보다 악마에게 영혼을 팔려고 했던 괴테가 그 인간다움으로 구제를 받았어요. 나는 유다가 베드로보다 예수님을 더 잘 이해했을 거라고 봐요. 자살로 생을 마감하면서 유다는 교회가 아니라 피의 밭을 남겼어요. 그런데 인간의 인격은 유다에 가까워서 더욱 신격을 욕망해요. 그래서 고통스럽죠.
내 마음의 빅뱅을 그 누가 알겠어요? 한 소녀가 "이 남자와 헤어질까요?"라고 물으면 아인슈타인이 뭐라고 할까? 그는 물리적 상대성 이론의 대가지만, 열 길 물속은 알아도 한길 사람 속은 몰라요. 각자의 마음은, 두뇌는 지구에서 하나예요. 기술로 찍어 낸 벽돌이 아니거든. 내 몸의 지문도 마음의 지문도 세상

에 하나뿐이지. 하나님의 유일한 도장이야. 내 마음의 지문에는
신의 지문이 남아 있어요.

요즘 들어 신에 대해 더 많은 말씀을 하십니다.

신이 아니라 인간에 대해 말하고 있습니다. 우리는 신에 대해 말
할 지식도 자격도 없는 자들이지요. 하나님의 눈으로 보면 베드
로나 유다나 똑같아. 베드로도 유다처럼 닭이 울기 전 세 번 예
수님을 부정했잖아. 오래 관찰하면 알아요. 신은 생명을 평등하
게 만들었어요. 능력과 환경이 같아서 평등한 게 아니야. 다 다
르고 유일하다는 게 평등이지요.

햇빛만 받아 울창한 나무든 그늘 속에서 야윈 나무든 다 제 몫
의 임무가 있는 유일한 생명이에요. 그 유니크함이 놀라운 평등
이지요. 또 하나. 살아 있는 것은 공평하게 다 죽잖아.

**왠지 선생의 유니크함은 탄생부터 남달랐을 것 같습
니다.**

내 유니크함의 80퍼센트는 어머니가 주셨어요. 내가 돌상에서
돌잡이로 책을 잡은 걸, 어머니는 두고두고 기뻐하셨어. 그때는
쌀이나 돈을 잡아야 좋아했는데, 어머니는 달랐죠. 우리 애는
돌상에서 책과 붓을 잡았다고 내내 자랑을 하셨어요. 내가 앓아
누워도 어머니는 머리맡에서 책을 읽어 주셨어요. 그런 어머니

밑에서 자라서 나는 책을 읽고 상상력을 키우는 인간이 됐어요.

　　언어적 상상력은 어린 시절에 길러진 것인지요?

그랬어요. 형님이 놓고 간 책, 대학생이 보던 한자투성이 세계문학 전집을 읽었어요. 모르는 단어가 나오면 상상으로 단어를 익혔어. 사전도 없었어요. 내 언어 조직의 세포가 그때 활성화된 거라. '눈이 내릴 때 루바시카를 입었다'는 문장을 만나면 전후 문맥으로 그 겉옷을 상상해 보는 거야. 동화만 읽었으면 어림도 없었겠죠. 라틴어 고전도 그렇게 읽었어요.

나는 지금도 외국 여행을 가면 대실망이야. 어릴 때 소설을 읽으며 파리, 런던, 러시아를 다 상상으로 여행했어요. 내가 실제 만난 에펠탑은 내가 언어로 상상한 것보다 훨씬 작고 초라했지. 어릴 때 어려운 책을 읽으면 상상의 언어 능력이 발화돼요. 지금도 나는 모든 문제를 어원으로 접근해요.

어원은 화석과 같아서 그 자신, 고고학자처럼 언어라는 화석 조각을 찾아 거대한 공룡을 그린다고 했다. 어린 시절 독서의 힘이라고.

　　글도 그렇지만 평생 말을 하면서 살아오셨어요. 지성에 막힘이 없고, 재미까지 있는 이야기꾼으로 사랑받으셨습니다. 선생의 뇌 구조가 궁금합니다. 질문이 어떤 방식으로 입력되고 흘러나오는지요?

나는 좌뇌 우뇌를 다 써요. 나의 최전선은 말이고 생의 의미야. 말이 나오면 언어의 전선이 형성되거든. 그 말에 관심을 갖고 검색을 하다 보면 수억 개의 정보 중에서 의미 있는 것들을 고를 수 있어요. 그런데 내가 존경하는 시인 이상은 좀 달랐어요. 수학적 언어를 썼어. 수학적 머리와 문학적 머리가 다 트였던 사람이야. 그래도 쫄지 마. (웃음) 이상은 일찍 죽었잖아.

신기합니다. 어떤 천재는 단명하고 어떤 천재는 장수하는 걸까요?

오래 살면 생각이 계속 달라져요. 내가 존경하는 이들은 다 일찍 죽었지. 이상도, 랭보도, 예수도. 단명한 이들의 공통점은 번뜩인다는 것. 둔한 게 없어요. 면도날로 소를 잡았지. 소를 잡으려면 도끼를 써야 하는데, 이상은 날카로운 면도날로 단번에 그었어요. 반면 괴테는 80세까지 살았어요. 도끼날 같았지. 도끼로 우주를 찍어 내린 사람이었어요. 형태학, 광산학까지 했잖아.

천재는 악마적 요소가 있어요. 《파우스트》를 봐요. 파우스트는 신학을 했던 성스러운 사람이었어요. 사색적인 그가 한계에 부딪혀 자살하려다 악마에게 영혼을 팔지만, 결국 신은 그를 구원해요. 나는 서른이 지나고 모델이 없었는데, 그때 잡은 게 괴테었어. 괴테는 바이마르의 재상을 지냈죠. 그런데 나도 문화부

장관을 했잖아. 바이마르 인구보다 한국 인구가 더 많으니, 나는 괴테한테 쫄지 않아요. (웃음)

선생이 한 말, 쓴 글, 해 오신 일은 그 영역이 너무 방대해서 입이 벌어질 때가 많습니다.

괴테도 '유니버설맨'이었어요. 동과 서를 알았고 성과 속을 알았고, 인공지능인 호문쿨루스까지 써서 미래의 정황을 보여 줬지요. 레오나르도 다빈치도 그랬죠. 코끼리의 전체를 보려면 그들처럼 제너럴리스트가 돼야 해요. 코만 만지고 코끼리를 봤다고 하면 엉터리야. 그렇게 인간과 학문의 전체를 보려고 했던 르네상스맨이 다빈치와 괴테였어요. 그런데 제너럴리스트들은 종종 욕을 먹어. 전공이 뭐냐는 거죠. 허허.

전공의 구분이 없으셨지요. 언어기호학자이면서 언론인, 비평가이면서 소설가, 시인, 행정가, 크리에이터로 살아오셨어요. 최종적으로 자신의 정체성을 우물 파는 자라고 하셨습니다.

단지 물을 얻기 위해 우물을 파지는 않았어요. 미지에 대한 목마름, 도전이었어요. 여기를 파면 물이 나올까? 안 나올까? 호기심이 강했지. 우물을 파고 마시는 순간 다른 우물을 찾아 떠났어요. '두레박'의 갈증이지요. 한 자리에서 소금 기둥이 되지 않으려고 했어요. 이제 그 마지막 우물인 죽음에 도달한 것이고.

죽음의 상태에 관한 공부도 하셨습니까?

했지요. 인간에게도 퇴화한 날개가 있어. (웃음)

무슨 말이지요?

새는 날짐승이잖아. 그런데 무거운 새는 못 날아요. 그때는 날개가 덮개가 되죠. 인간도 몸이 불으면 못 날아. 늙고 병들면 머리가 빠지고 이빨이 빠지고 어깨에 힘이 빠져요. 비극이지. 그런데 마이너스 셈법으로 몸이 가벼워지면 날아요. 고통을 통과해서 맑고 가벼워진 영혼은 위로 떠요. 덩컨 맥두걸이라는 학자가 실험했어요. 죽은 후 위로 떠오르는 영혼의 무게를 쟀더니 21그램이었죠. 그러니 죽어 갈수록 더 보태지 말고 불순물은 빼야 해요. 21그램의 무게로 훨훨 날아야지요.

평생 어떤 꿈을 꾸셨습니까?

동양에선 덧없는 것을 꿈夢이라 하고 서양은 판타지를 꿈dream이라 하죠. 나는 평생 빨리 깨고 싶은 악몽을 꿨어요. 작은 배를 타고 바다에 빠져 외길을 걷는 꿈, 어릴 때 복도에서 신발을 잃고 울던 꿈, 맨발로 갈 수 없던 공포, 뛰려면 발은 안 떨어지고, 도망가 보면 아무도 없는 험한 산길이었지요. 자기 삶의 어두운 면이

비치는 게 꿈이에요. 깨면 식은땀을 흘리고 다행이다 했어요.
현실에서 눈뜨고 꾸는 내 꿈은 오직 하나였어요. 문학적 상상
력, 미지를 향한 호기심.

요즘엔 어떤 꿈을 꾸십니까?

빅뱅처럼 모든 게 폭발하는 그런 꿈을 꿔요. 너무 눈이 부셔서
볼 수 없는 어둠. 혹은 터널 끝에 보이는 점 같은 빛. 그러나 역
시 8할은 악몽이에요. 죽음이 내 곁에 누워 있다 간 느낌. 시계
를 보면 4시 44분 44초일 때도 있어요. (웃음) 동트기 전에, 밤
도 아니고 새벽도 아닌 시간이죠. 그 시간이 여간 괴로운 게 아
니에요. 섬뜩한 것은 죽음이 아니라 혼자라는 거였어요. 누구도
그 길에 동행하지 못하니까요. 다행히 그때 또 새롭게 깨달아지
는 것이 있어요. 젊은 날 인식이 팽팽할 땐 몰랐던 것.

뒤늦게 깨달은 생의 진실은 무엇인가요?

모든 게 선물이었다는 거죠. 마이 라이프는 기프트였어요. 내
집도 내 자녀도 내 책도, 내 지성도. 분명히 내 것인 줄 알았는데
다 기프트였어. 어린 시절 아버지에게 처음 받았던 가방, 알코올
냄새가 나던 말랑말랑한 지우개처럼. 내가 울면 다가와서 등을
두드려 주던 어른들처럼. 내가 벌어서 내 돈으로 산 것이 아니었
어요. 우주에서 선물로 받은 이 생명처럼, 내가 내 힘으로 이뤘

다고 생각한 게 다 선물이더라고.

87년간 행복한 선물을 참 많이 받으셨지요?

그랬죠. 산소도, 바다도, 별도, 꽃도. 공짜로 받아 큰 부를 누렸지요. 요즘엔 생일 케이크가 왜 그리 예뻐 보이는지 몰라. 그걸 사 가는 사람은 다 아름답게 보여. (웃음) "초 열 개 주세요." "좋은 거로 주세요." 그 순간이 얼마나 고귀해. 내가 말하는 생명 자본도 어려운 게 아니에요. 자기가 먹을 빵을 생일 케이크로 바꿔 주는 거죠. 생일 케이크가 그렇잖아. 내가 사 주면 또 남이 사 주거든. 그게 기프트지. 그러려면 공감이 중요해요. 공의가 아니라, 공감이 먼저예요.

공의보다 공감이라는 말이 크게 다가옵니다.

우리는 마르크스의 상품 경제 시대에서 멀리 왔어요. AI 시대엔 생산량이 이미 오버야. 물질이 자본이던 시대는 물 건너갔어요. 공감이 가장 큰 자본이지요. BTS를 보러 왜 서양인들이 텐트 치고 노숙을 하겠어요? 아름다운 소리를 좇아온 거죠. 그게 물건 장사한 건가? 마음 장사한 거예요. 돈으로 살 수 없는 삶의 즐거움, 공감이 사람을 불러 모은 거지요.

젊은이들에게 전하고픈 말이 있는지요?

딱 한 가지야. 덮어놓고 살지 마세요. 그리스 사람들은 진실의 반대가 허위가 아니라 망각이라고 했어요. 요즘 거짓말하는 사람들은 과거를 잊어서 그래요. 자기가 한 일을 망각의 포장으로 덮으니 어리석어요. 부디 덮어놓고 살지 마세요.

지금의 한국 사회는 어떻게 흘러갈까요? 미래를 낙관할 수 있습니까?

지금은 밀물의 시대에서 썰물의 시대로 가고 있어요. 이 시대가 좋든 싫든, 한국인은 지금 대단히 자유롭고 풍요롭게 살고 있지요. 만조라고 할까요. 그런데 역사는 썰물과 밀물을 반복해요. 세계는 지금 전부 썰물 때지만, 썰물이라고 절망해서도 안 됩니다. 갯벌이 생기니까요.

썰물 후에 갯벌이 생긴다는 말이 파도처럼 가슴을 적셨다. 두려울 것이 무엇일까. 이어령 선생은 7년 전 2남 1녀 중 맏딸 이민아 목사를 암으로 먼저 보냈다. 미국에서 검사 생활을 했던 딸은 목사 안수를 받았고, 위암 발병 이후, 수술하지 않고 시한부를 택해 열정적으로 쓰고 강연하며 생의 마지막 시간을 보냈다.

요즘 따님 생각을 더 많이 하시겠습니다. 암 선고받은 후 항암치료를 받지 않고 더 생산적으로 시간을 쓰는 까닭도 따님과 관련이 있는지요?

우습지만 성경에는 나중 난 자가 먼저 된다는 말이 있어요. 내 딸이 그랬어요. 그 애는 죽음 앞에서 두려워 벌벌 떨지 않았어요. "지금 나가면 3개월, 치료받으면 6개월" 선고를 듣고도 태연하니까, 오히려 의사가 놀라서 김이 빠졌어요.

민아가 네 살 때였어요. 아내가 임신해서 내가 아이를 데리고 대천해수욕장 앞에 묵은 적이 있어요. 아이를 재우고 다른 천막에 가서 문학청년들과 신나게 떠들었지. 그러다 민아가 깨서 컴컴한 바다에 나가 울면서 아빠를 찾은 거야. 어린 애가 겁에 질려서…… 생각하면 지금도 마음이 아파요. 우리 애는 기억도 안 난다지만. (웃음)

그랬던 아이가 혼자 미국에 가서 무척 고생을 했어요. 그 어렵다는 법대를 조기 졸업하고 외롭게 애 키울 때, 그날 그 바닷가에서처럼 "아버지!" 하고 목이 쉬도록 울 때, 그때 나의 대역을 누군가 해 줬어요. 그분이 하나님이야. 내가 못 해 준 걸 신이 해 줬으니 내가 갚아야겠다. 이혼하고도 편지 한 장 안 쓰던 쿨한 애가, 아빠가 예수님 믿는 게 소원이라면 내가 믿어 볼 만하겠다, 그렇게 시작했어요. 딸이 실명의 위기에서 눈을 떴을 때 내 눈도 함께 밝아진 거지. 딸이 아버지를 따라가야 하는데 아버지가 딸의 뒤를 좇고 있어요. (웃음)

내 힘으로 이룬 줄 알았는데
다 선물이었어요.

언제 신의 은총을 느낍니까?

아프다가도 아주 건강하게 느껴지는 아침이 있어요. 내 딸도 그 랬죠. "아빠, 나 다 나았어요"라고. 우리 애는 죽기 전에 정말 충만한 시간을 보냈어요. 1년간 한국에서 내 곁에서 가장 오래 머물렀죠. 암에 걸리고 큰 선물을 받았어요. 죽음에 맞서지 않 고 행복하게 시간을 썼어요. 망막 수술도 성공해서 밝은 세상도 봤지요.

내가 보내 준 밸런타인데이 꽃다발을 보며 환호성을 지르고, 호 텔 방에서 "아빠, 밤 풍경이 너무 아름다워"라며 전화가 왔어 요. 육체가 소멸하기 전 마지막까지 복음을 전했고, 기도 드리 고 쓰러져서 5~6시간 있다가 운명했어요.

어떤 환자라도 그런 순간이 와요. 촛불이 꺼질 때 한 번 환하게 타오르듯이. 신은 전능하지만, 병을 완치해 주거나 죽음으로부 터 도망치게 해 주진 않아요. 다만 하나님도 인간이 너무 고통 스러워하면 가엾게 여겨 잠시 그 자비로운 손으로 만져 줄 때가 있어요. 배 아플 때 어머니 손은 약손이라고 만져 주면 반짝 낫 는 것 같잖아. 그리고 이따금 차가운 눈물 한 방울을 떨어뜨리 지요. 그때 나는 신께 기도해요.

어떤 기도를 하십니까?

옛날엔 나는 약하니 욥 같은 시험에 들지 말게 해 달라고 기도 했지요. 지금은…… 병을 고쳐 달라는 기도는 안 해요. 역사적으로도 부활의 기적은 오로지 예수 한 분뿐이니까. 나의 기도는 이것이에요. "어느 날 문득 눈뜨지 않게 해 주소서." 내가 갈피를 넘기던 책, 내가 쓰던 차가운 컴퓨터…… 그 일상에 둘러싸여 눈을 감고 싶어요.

그전까지는 죽음의 의미, 생명의 기프트를 마지막까지 알고자 한다고 힘을 주어 말했다. "사형수도 형장으로 가면서 물웅덩이를 폴짝 피해 가요. 생명이 그래요. 흉악범도 죽을 때는 착하게 죽어요. 역설적으로 죽음이 구원이에요."

그러니 죽을 때까지 최악은 없다고. 노력하면 양파 껍질 벗겨지듯 삶에서 받은 축복이 새살을 드러낸다고. 빅뱅이 있을 때 내가 태어났고, 그 최초의 빛의 찌꺼기가 나라는 사실은 '수사'가 아니라 '나의 이야기'라고. 여러분도 손 놓고 죽지 말고, 내가 죽는다는 사실을 끝까지 알고 맞으라고. "종교가 있든 없든, 죽음의 과정에서 신의 기프트를 알고 죽는 사람과 모르고 죽는 사람은 천지 차이예요."

한 마디 한 마디, 목구멍에서 빛을 길어 올려 토해 내는 것 같았다. 녹색 칠판 앞에 앉아 선생이 마지막으로 판 우물물을 거저 받아 마시자니, 감사가 샘처럼 벅차올라 울고 싶은 기분이 들었다.

　　저는 나이 들면 과거를 반복해서 사는 것이라 여겼습

니다. 지성도 다르지 않다고 생각했지요. 그런데 선
생의 말씀을 들으면 바로 지금, 이 순간이 지혜의 전
성기라는 생각이 듭니다.

(미소 지으며) 창을 열면 차가워진 산소가 내 폐 속 깊숙이 들어
와요. 이 한 호흡 속에 얼마나 큰 은총이 있는지 나는 느낍니다.
지성의 종착점은 영성이에요. 지성은 자기가 한 것이지만, 영성
은 오로지 받았다는 깨달음이에요. 죽음의 형상이 검은 옷을 입
은 저승사자로 올지, 온갖 튜브를 휘감은 침상의 환자로 올지
나는 몰라요.

내가 느끼는 죽음은 마른 대지를 적시는 소낙비나 조용히 떨어
지는 단풍잎이에요. 때가 되었구나, 겨울이 오고 있구나, 죽음이
계절처럼 오고 있구나……. 그러니 내가 받았던 빛나는 선물을
나는 돌려주려고 해요. 침대에서 깨어 눈 맞추던 식구, 정원에
울던 새, 어김없이 피던 꽃들…… 원래 내 것이 아니었으니 돌려
보내요. 한국말이 얼마나 아름다워요. 죽는다고 하지 않고 돌아
간다고 합니다. 애초에 있던 그 자리로, 나는 돌아갑니다.

자신이 영화를 만드는 감독이라면 마지막에 'END' 대신 꽃봉오리를
하나 꽂아 놓을 거라고 했다. 피어 있는 꽃은 시들지만, 꽃봉오리라면
영화의 시작처럼 많은 이야기를 갖고 있을 테니.

끝이란 없어요. 이어서 다른 영화를 트는 극장이 있을 뿐이죠.

2019년 10월 19일

—

모니터 앞에 앉아 자판을 두드리기 전부터, 나는 며칠 밤잠을 설쳤다. 과연 내가 이분의 말을 마지막으로 받아 전할 자격이 있는가. 그 무거운 책임감 앞에서 몸을 떨었다. 공포에 가까운 그 떨림은 자판 앞에서 점차 설렘과 울림으로 바뀌었다. '마이 라이프는 기프트'였으며, '썰물 후엔 반드시 갯벌이 생기고', '애초에 있던 그 탄생의 자리로, 나는 돌아간다'는 문장에 마침표를 찍었을 땐 감사와 안도의 기쁨이 물밀듯이 밀려왔다. 이어령 선생과의 인터뷰는 역대 〈김지수의 인터스텔라〉 인터뷰 중 가장 많은 공유와 반응을 불러왔다. 탄생부터 죽음까지, 36억 87년의 지혜가 농축된 거장의 솔직한 음성이 사람들의 마음에 깊게 가닿았기 때문이다. 물고기가 돌아가 바다를 전할 수 없듯이, 우리는 죽음을 알 수는 없지만, 이어령 선생 덕에 우리가 어디로 돌아가는지는 알게 되었다.

사나운 말들이 판치는 세상에, 김지수가 정성스럽게 듣고 써 낸 '자
존의 말들'을 읽고 있으면, 사람을 향한 그 환대의 마음에 사위가
고요해진다. 그의 초대로 인터뷰이가 되어 독자들과 만난 일은 내
게도 큰 기쁨이었다. 그러니 만약 내가 라스트 인터뷰 책을 낸다면
기꺼이 김지수와 할 것이다.

— 이어령 문학평론가, 초대 문화부 장관

나는 간절한 눈빛으로 누군가의 이야기를 들어 주는 사람들에게 매혹된다. 눈을 반짝이며 말하는 사람은 많지만, 눈을 반짝이며 타인의 이야기를 들어 주는 이는 극히 드물기에. 이 책은 항상 누군가의 이야기를 간절한 눈빛으로 들어 줄 준비가 된 인터뷰어의 성실한 마음챙김의 기록이다. 우리는 이 책을 통해 타인의 시선에 일희일비하지 않고 오직 자기 안의 눈빛과 목소리로 삶의 한 페이지 한 페이지를 채워 가는 아름다운 사람들의 이야기를 듣는다. 또한 그들의 이야기를 애틋한 눈빛으로, 이 순간이 세상에 한 번뿐임을 매 순간 잊지 않으며, 절실히 듣고 기록하는 인터뷰어 김지수의 희망과 사랑을 만난다.

— 정여울 작가, 《나를 돌보지 않는 나에게》 저자

인터뷰는 인터뷰이를 선정하고 섭외하는 게 2할이라면, 질문 내용이 5할, 그리고 편집과 정리가 3할이라고 생각한다. 평범함과 독창성을 넘나드는 인터뷰이 선정, 인터뷰이를 이해하고자 하는 깊이 있는 질문, 현장의 시공간을 재현하는 적확한 문장. 〈김지수의 인터스텔라〉는 이 모든 것이 일품인 인터뷰 시리즈다. 그의 인터뷰에선 매번 마음이 담긴 시선과 대화의 힘이 느껴진다.

이번 인터뷰집의 주제인 '자기다움'은 내가 늘 마음에 새기는 가치다. 내 삶의 지향점이라고 생각하기 때문이다. 남의 생각에 끌려 다니지 않고 자기다움을 지키며, 동시에 세상에 등 돌리지 않고 타인과 공존하며 자신의 길을 찾는 사람들. 듣기만 해도 두근거리는 그 소중한 이야기들을 사각거리는 종이 위에서 적합한 폰트와 행 간격의 편집으로 다시 만나는 일은 그 인터뷰 속 시간과 공간이 오롯이 담겨 있는 선물을 받는 것과 같다. 그건 스마트폰 속 기사링크와는 다르다.

— 조수용 카카오 공동대표, 매거진 〈B〉 발행인

사진 출처

©이태경: 14쪽, 23쪽, 162쪽, 168쪽, 198쪽, 205쪽, 256쪽, 263쪽

©장련성: 36쪽, 42쪽

©박상훈: 56쪽, 62쪽, 74쪽, 81쪽, 110쪽, 117쪽

©이진한: 92쪽, 99쪽

©남강호: 130쪽, 135쪽, 278쪽, 284쪽

©뮤직팜: 144쪽, 150쪽

©김지호: 180쪽, 187쪽, 238쪽, 245쪽, 298쪽, 305쪽, 318쪽, 328쪽

©옌스 바이드너: 220쪽, 226쪽

©오종찬: 344쪽

자존가들

Self-respect Persons

ⓒ 김지수, Printed in Korea

1판 2쇄 2020년 1월 30일
1판 1쇄 2020년 1월 20일
ISBN 979-11-89385-10-09-5

지은이. 김지수
펴낸이. 김정옥
디자인. 석윤이
편집 도움. 이지혜
제작. 정민문화사
종이. 한승지류유통

펴낸곳. 도서출판 어떤책
주소. 03925 서울시 마포구 월드컵북로 400, 5층 1호
전화. 02-3153-1312
팩스. 02-6442-1395
전자우편. acertainbook@naver.com 블로그. acertainbook.blog.me
페이스북. www.fb.com/acertainbook 인스타그램. www.instagram.com/acertainbook

파본은 구입하신 서점에서 바꾸어 드립니다.

이 도서의 국립중앙도서관 출판예정도서목록(CIP)은 서지정보유통지원시스템 홈페이지(http://
seoji.nl.go.kr)와 국가자료공동목록시스템(http://www.nl.go.kr/kolisnet)에서 이용하실 수 있습니다.
CIP제어번호. CIP2020000280

안녕하세요, 어떤책입니다. 여러분의 책 이야기가 궁금합니다.

블로그 acertainbook.blog.me
페이스북 www.fb.com/acertainbook
인스타그램 www.instagram.com/acertainbook

점선을 따라 가위로 오려서 보내 주세요. 우표 없이 우체통에 넣으시면 됩니다. ✂

보내는 분

이름

주소

이메일

a certain book

도서출판 어떤책

03925 서울시 마포구 월드컵북로 400, 5층 1호

우편요금
수취인 후납
발송유효기간
2018.7.1~2020.6.30
서울마포우체국
제40943호

저희 책을 읽어 주셔서 감사합니다. 독자엽서를 보내 주시면 지난 책을 돌아보고 새 책을 기획하는 데 참고하겠습니다.

1. 《자존가들》을 구입하신 이유

2. 구입하신 서점

3. 가장 인상 깊은 인터뷰와 그 이유

4. 김지수 작가에게 하고 싶은 말씀이나 궁금하신 점

5. 출판사에 하고 싶은 말씀

보내 주신 내용은 어떤체 SNS에 무기명으로 인용될 수 있습니다. 이해 바랍니다.

점선을 따라 가위로 오려서 보내 주세요. 우표 없이 우체통에 넣으시면 됩니다. ✂